Pourboires

Bien qu'au Portugal l'addition au restaurant ou la note d'hôtel inclue automatiquement service, taxes, etc., les employés de ces établissements ne refuseront pas le pourboire que vous leur remettriez pour un service bien rendu.

Au Brésil, le service est en principe aussi inclus; d'ailleurs, les Brésiliens ne sont pas très généreux en matière de pourboires. Dans un grand restaurant, on ajoutera tout de même 10% à l'addition, tandis que dans un établissement plus modeste, on arrondira la somme. De même pour les taxis.

	Portugal	Brésil
Bagagiste (à l'hôtel)	50–100 esc.	Cr$ 3000 (Cz$ 3)
Femme de chambre, par semaine	500 esc.	Cr$ 30 000 (Cz$ 30)
Préposé(e) aux lavabos	25 esc.	Cr$ 3000 (Cz$ 3)
Garçon	10% (facultatif)	10%
Chauffeur de taxi	10%	arrondir
Coiffeur/barbier	10%	10%
Guide (excursion)	10–15%	Cr$ 20 000–30 000 (Cz$ 20–30)

BERLITZ®

PORTUGAIS
POUR LE VOYAGE

Une publication des Guides Berlitz

11e impression 1988

Printed in Hungary

Introduction

Vous allez partir en voyage au Portugal ou au Brésil. Ce manuel de conversation est destiné à rendre votre voyage plus agréable et à vous faciliter la tâche.

Le *Portugais pour le Voyage* met à votre disposition:

- toutes les phrases et le vocabulaire dont vous aurez besoin;
- la transcription phonétique des mots et des phrases;
- des tableaux spéciaux tenant compte des réponses possibles de votre interlocuteur. Il vous suffira de lui montrer la phrase adéquate pour qu'il vous en indique la réponse de la même manière. Ce système s'est avéré très pratique dans certaines situations (médecin, réparations de voiture, etc.). La communication s'en trouve facilitée; elle est sûre et rapide;
- une présentation logique qui vous permettra de trouver rapidement l'expression correspondant à une situation donnée;
- un système de repérage instantané par couleurs. Les principaux chapitres figurent au verso du livre; vous trouverez un index complet à l'intérieur;
- une grande variété d'informations touristiques et de conseils orientés avant tout vers le Portugal, mais décrivant également plusieurs aspects du tourisme au Brésil.

Voilà quelques-uns des avantages de ce manuel qui, en outre, vous permettra de vous familiariser avec la vie au Portugal et au Brésil (l'usage brésilien de certains mots portugais est indiqué entre parenthèses [ ]).

Un chapitre très complet est consacré aux restaurants. Vous y trouverez la traduction et parfois la description de presque tous les plats d'une carte. Le guide des achats vous permettra de désigner facilement tout ce que vous désirez. Eprouvez-vous des difficultés avec votre automobile? Consultez le guide de la voiture et ses instructions détaillées en deux langues. Vous sentez-vous mal? Notre section médicale est unique en son genre; grâce à elle, vous pourrez vous faire comprendre par le médecin en un clin d'œil.

Pour tirer le meilleur profit du *Portugais pour le Voyage*, commencez par le «Guide de Prononciation», puis passez aux «Quelques expressions courantes». Ainsi, non seulement vous acquerrez un certain vocabulaire, mais vous apprendrez également à prononcer le portugais.

Nous tenons à remercier tout particulièrement Mlle Marie-Louise Guignard, Mme Amélia Jeandrevin ainsi que le Dr T.J.A. Bennett qui a créé le système de transcription. Nous exprimons également notre gratitude aux Offices du Tourisme Portugais et Brésilien pour leurs précieux conseils.

Par ailleurs, nous serions heureux de recevoir tout commentaire, critique ou suggestion que vous pourriez nous faire en vue d'améliorer les éditions suivantes.

Merci d'avance et bon voyage!

Tout au long de ce livre, les symboles dessinés ici indiquent de petits passages dans lesquels vous trouverez des phrases toutes faites que votre interlocuteur pourrait utiliser. Si vous ne le comprenez pas, donnez-lui le livre et laissez-le pointer la phrase adéquate dans sa propre langue. La traduction française est juste à côté.

Mini-Grammaire

Voici un bref aperçu de la grammaire portugaise.

Articles

Les articles s'accordent en genre et en nombre avec le nom.

Article défini (le / la / les):

	masculin	féminin
singulier	**o**	**a**
pluriel	**os**	**as**

Article indéfini (un / une / des):

	masculin	féminin
singulier	**um**	**uma**
pluriel	**uns**	**umas**

Article partitif (du / de la / des):

	masculin	féminin
singulier	**do**	**da**
pluriel	**dos**	**das**

o principio do mês	le début du mois
o fim da semana	la fin de la semaine

Noms

Tous les noms, en portugais, sont ou masculins, ou féminins. La plupart des noms terminés par **o** sont masculins et ceux terminés par **a** sont féminins. Les noms finissant par une voyelle prennent généralement un **s** au pluriel:

a menina	la fillette
as meninas	les fillettes
o galo	le coq
os galos	les coqs

Les mots terminés par **r**, **s**, ou **z** forment le pluriel en ajoutant **-es:**

a mulher/as mulheres	la femme/les femmes
o país/os países	le pays/les pays
a luz/as luzes	la lumière/les lumières

Les noms se terminant par un son nasal **(em, im, om, um)** changent leur syllabe finale en **ens, ins, ons, uns** au pluriel.

Adjectifs

Ils s'accordent en genre et en nombre avec le nom qu'ils qualifient:

o belo livro	le beau livre
a bela estátua	la belle statue
os homens altos	les hommes grands
as mulheres altas	les grandes femmes

Ces exemples vous montrent que l'adjectif peut être placé avant ou après le nom, selon l'usage phonétique ou idiomatique.

Adjectifs démonstratifs

ce (livre)-ci	**este** (masc.) / **esta** (fém.)
ce (livre)-là	**esse, aquele** (masc.) **essa, aquela** (fém.)
ces (livres)-ci	**estes** (masc.) / **estas** (fém.)
ces (livres)-là	**esses, aquelas** (masc.) / **essas, aquelas** (fém.)

La différence entre les trois formes est que **este** signifie que la personne ou l'objet désigné est à notre portée, dans notre voisinage immédiat alors que **esse** indique un éloignement un peu plus grand. Quant à **aquele,** il exprime l'inatteignable. On trouve aussi trois pronoms démonstratifs invariables en portugais: **isto, isso** et **aquilo:**

Tome isto.	Prenez ceci.
Deixe isso, por favor.	Laissez cela, s.v.p.
Dê-me aquilo, ali.	Donnez-moi cela (ce qui est là-bas).

Adjectifs possessifs

Ils s'accordent en genre et en nombre avec le nom qu'ils complètent.

	masculin	féminin
mon, ma	**meu**	**minha**
ton, ta	**teu**	**tua**
son, sa	**seu**	**sua**
notre	**nosso**	**nossa**
votre	**vosso**	**vossa**
leur	**seu**	**sua**

Toutes ces formes prennent un **s** lorsqu'elles sont utilisées au pluriel.

Pronoms personnels

	sujet	compl. direct	compl. indirect
je	**eu**	**me**	**mim**
tu	**tu**	**te**	**ti**
il/elle	**ele/ela**	**o/a**	**lhe/lhe**
il (neutre)	**ele**	**o**	**lhe**
nous	**nós**	**nós**	**nós**
vous	**vós**	**vós**	**vós**
ils/elles	**eles/elas**	**os/as**	**lhes/lhes**

Le tutoiement amical que l'on emploie pour s'adresser à des parents, à des amis ou à des enfants se traduit par **tu** tandis que le **você** est utilisé par des personnes se connaissant mal. Lorsque vous vous adressez à quelqu'un pour la première fois, il est nécessaire d'employer la troisième personne du singulier ou du pluriel (c'est la forme de politesse que nous avons adoptée dans les pages suivantes):

Como está (estão)? — Comment allez-vous?

Meu amigo, o seu livro deixou-me óptima impressão. — Mon ami, votre livre m'a fait une grande impression.

Verbes

Il y a quatre verbes auxiliaires en portugais:

ter/haver	avoir
ser/estar	être

Ter indique la possession ou la condition:

Tenho uma casa.	J'ai une maison.
Tenho febre.	J'ai de la fièvre.

Haver dans le sens de «il y a» ne s'emploie qu'à la troisième personne du singulier:

Há muitas pessoas aqui.	Il y a beaucoup de monde ici.

Ser indique un état permanent:

Sou francês.	Je suis français.

Estar indique le mouvement ou un état non permanent:

Estou a passear.	Je me promène.
Está doente.	Il est malade.

	ter (avoir)	ser (être)	estar (être)
eu	**tenho**	**sou**	**estou**
tu	**tens**	**és**	**estás**
ele/ela	**tem**	**é**	**está**
nós	**temos**	**somos**	**estamos**
vós	**tendes**	**sois**	**estais**
eles/elas	**têm**	**são**	**estão**

Les Portugais n'emploient généralement pas les pronoms personnels car la forme du verbe et le sens de la phrase désignent la personne.

Tens sede?	As-tu soif?
Do que está a falar?	De quoi parle-t-il/elle?

Les trois conjugaisons des verbes réguliers se distinguent par la terminaison de leur infinitif.

	falar (parler)	viver (vivre)	partir (partir)
eu	falo	vivo	parto
tu	falas	vives	partes
ele/ela	fala	vive	parte
nós	falamos	vivemos	partimos
vós	falais	viveis	partis
eles/elas	falam	vivem	partem

Comme dans toutes les langues, les verbes irréguliers doivent être appris par cœur. En voici quatre dont vous pourriez avoir besoin:

	poder (pouvoir)	dizer (dire)	ir (aller)	pedir (demander)
eu	posso	digo	vou	peço
tu	podes	dizes	vais	pedes
ele/ela	pode	diz	vai	pede
nós	podemos	dizemos	vamos	pedimos
vós	podeis	dizeis	ides	pedis
eles/elas	podem	dizem	vão	pedem

On forme **le négatif** en plaçant **não** avant le verbe:

Falo português.	Je parle portugais.
Não falo português.	Je ne parle pas portugais.

En portugais, **les questions** sont souvent formulées en variant d'intonation. Le pronom personnel est souvent omis, aussi bien dans les phrases affirmatives que dans les questions.

Está bem.	C'est bien.
Está bem?	Est-ce bien?
Falo inglês.	Je parle anglais.
Fala inglês?	Parlez-vous anglais?

Guide de prononciation

Cet exposé est destiné à vous familiariser avec notre système de transcription et à vous faciliter la prononciation du portugais.

Sous le titre «Quelques expressions courantes» (pages 17–21), nous avons sélectionné un minimum de mots et de phrases qui vous seront utiles pendant votre voyage.

Aperçu de l'orthographe et des sons portugais

Vous trouverez ci-après la prononciation des lettres et des sons portugais, ainsi que les symboles que nous utilisons pour leur transcription phonétique. Cette dernière devrait être lue comme s'il s'agissait de français, exception faite de quelques règles expliquées ci-dessous.

Certes, les sons de deux langues ne correspondent jamais exactement mais, en suivant attentivement nos indications, vous n'éprouverez aucune difficulté à lire nos transcriptions et à vous faire comprendre.

Les lettres écrites en **caractères gras** devraient être lues avec une accentuation plus prononcée que les autres.

Consonnes

Lettres	Prononciation approximative	Symbole	Exemple	
c, ç, ch, f, h, j, m, n, p, t, v	se prononcent comme en français			
b	1) au début d'un mot se prononce comme en français	b	**boca**	**bô**kœ
	2) entre deux voyelles, est moins net	b	**beber**	beu**bér**

d	1) au début d'un mot se prononce comme en français	d	**dia**	diœ
	2) il est moins net entre deux voyelles et rappelle le **th** du mot anglais **th**is	d	**cedo**	**sé**dou
g	1) au début d'un mot, ainsi que devant **a, o, u, l, r,** comme **g** dans **g**ant	g gh	**garfo** **guia**	**gar**fou **ghi**œ
	2) il est moins net lorsqu'il est précédé d'une voyelle et suivi de **a, o, u**	g	**rogar**	rou**gar**
	3) devant **e, i,** se prononce comme **j** dans **je**	j	**gelo**	**jé**lou
l	1) à la fin d'un mot ou entre voyelle et consonne, comme le **l** de hou**le** prononcé au fond de la gorge	l	**mal**	mal
	2) autrement comme en français	l	**falar**	fœ**lar**
lh	comme **lli** dans mi**lli**on	ly	**olho**	**ô**lyou
nh	comme **gn** dans oi**gn**on	gn	**vinho**	**vi**gnou
qu	1) devant **a, o,** comme **k** suivi d'un faible **ou**	k^{ou}	**quadro**	**k^{ou}a**drou
	2) devant **e, i** comme en français	k	**quê**	ké
r	comme le **r** méridional (roulé à l'avant de la bouche)	r	**rua**	**rou**œ
s	1) au début d'un mot ou après une consonne, comme **s** dans **si**; est transcrit **ss** si l'on veut conserver le son **s** entre deux voyelles	s	**saber**	sœ**bér**
	2) entre deux voyelles (ne se trouvant pas forcément dans la même syllabe) se prononce comme **z** dans **z**oo	z	**casa**	**ka**zœ
	3) à la fin d'un mot ou devant **c, f, p, t, q,** comme **ch** dans **ch**at	ch	**país**	pœ**ich**
	4) ailleurs comme **j** dans **je**	j	**cisne**	**si**jneu

PRONONCIATION

x	1) généralement comme **ch** dans **ch**at	ch	**baixo**	baïchou
	2) dans la syllabe **ex**- précédant une voyelle, comme **z** dans **z**oo	z	**exacto**	ɨzatou
	3) quelquefois comme le son **ks** du mot taxi	ks	**taxi**	taksi
z	1) au début d'un mot ou entre deux voyelles comme **z** dans **z**oo	z	**zero**	zèrou
	2) à la fin d'un mot ou devant **c, f, p, q, s, t,** comme **ch** dans **ch**at	ch	**feliz**	feulich

Voyelles

a	1) inaccentué ou devant **m, n, nh** (sans faire partie de la même syllabe) comme **eu** dans p**eu**r	œ	**porta**	portœ
	2) autrement, comme **a** dans ch**a**t	a	**nado**	nadou
e	1) accentué, généralement comme **è** dans m**è**re	è	**perto**	pèrtou
	2) accentué, quelquefois comme **é** dans th**é**	é	**cabelo**	kœbélou
	3) inaccentué, comme **eu** dans p**eu**	eu	**pesado**	peuzadou
	4) au début d'un mot et dans quelques autres cas se prononce entre **é** et **i** français	ɨ	**exacto** **antes**	ɨzatou œ̃tɨch
é	comme **è** dans m**è**re	è	**café**	kœfè
ê	comme **é** dans th**é**	é	**mês**	méch
i	1) se prononce comme en français	i	**riso**	rizou
	2) au long de cette transcription, utilisé pour indiquer une «mouillure»; même son que le **y** dans **y**oga	y	**viajem**	vyajœ̃^{y}
o	1) accentué, comme **o** dans v**o**te, mais avec la langue un peu plus bas	o	**fora**	forœ

	2) quelquefois, accentué ou non, se prononce comme **ô** dans r**ô**le (notamment devant **l** ou **a**)	ô	**voltar**	vô**l**t**ar**
	3) inaccentué, à la fin d'un mot, comme **ou** dans ch**ou**	ou	**caso**	**ka**zou
ô	se prononce comme en français	ô	**pôs**	**pô**ch
ou	comme **ô** dans r**ô**le	ô	**ouro**	**ô**rou
u	généralement comme **ou** dans ch**ou**	ou	**número**	**nou**meurou

Diphtongues

Une diphtongue est la juxtaposition de deux voyelles prononcées ensemble et ne formant plus qu'un seul son; p. ex. **oi** dans roi ou **ail** dans trav**ail.** Dans les diphtongues portugaises **a, e, o** sont des voyelles «fortes», tandis que **i** et **u** sont des voyelles «faibles». Dans les diphtongues, les voyelles «fortes» sont prononcées avec plus d'intensité que les «faibles»; ainsi **ai** se prononce comme **ail (aï)** dans trav**ail.**

La prononciation exacte des diphtongues portugaises n'est pas facile à déterminer. Nous les transcrirons en utilisant **y** (prononcé **ille**) et **ou** pour indiquer l'élément «faible» sauf dans quelques cas où nous utiliserons **aï** ou **oï** pour éviter des ambiguïtés. Nous imprimerons l'élément faible dans une position élevée, donc **é**$^{\mathbf{ou}}$ doit être lu avec un **é** «fort» suivi dans la même syllabe d'un **ou** «faible».

oi	se prononce comme oï dans Moïse	oï	**noite**	**noï**teu
ai	se prononce comme **ail** dans trav**ail**	aï	**mais**	**maï**ch

Voyelles nasales

ã, am, an	comme **um** dans h**um**ble (prononciation non parisienne)	œ̃	**maçã**	mœ**ssœ̃**

em, en	un **é** nasalisé	ẽ	**cento**	sẽtou
im, in	un **i** nasalisé	ĩ	**cinco**	sĩkou
om, on	comme **on** dans **son**	õ	**bon**	bõ
um, un	un **ou** nasalisé	õũ	**um**	õũ

Diphtongues nasales

Dans ces diphtongues, le premier élément est nasalisé et combiné avec un deuxième élément plus faible (**y** ou **ou**), dont le degré de nasalisation varie.

Dans ces différents cas, **y** se prononce: **ille.**

ãe, ãi, êm, -en, -em en finale	comme œ portugais suivi d'un **y** faible	œ̃ʸ	**mãe**	mœ̃ʸ
ão, am finale inaccentuée	comme œ portugais suivi d'un **ou** faible	œ̃ᵒᵘ	**mão**	mœ̃ᵒᵘ
õe, õi	comme **õ** suivi d'un **y** faible	õʸ	**põe**	põʸ
ui	dans le mot **muito** comme un **ou** nasalisé suivi d'un **y** faible	õũʸ	**muito**	mõũʸtou

PRONONCIATION

Le portugais au Brésil

Le portugais parlé au Brésil diffère de la langue mère sur plusieurs points. Le débit est plus lent, et les mots sont plus détachés. En outre, les voyelles non accentuées sont plus distinctes, alors qu'au Portugal elles sont souvent avalées. En fin de syllabe, on a tendance à prononcer les consonnes **s** et **z** comme dans **s**on et **z**one, plutôt que comme **ch** dans **ch**at ou **j** dans **j**eu. Au surplus, certains groupes de voyelles ou certaines diphtongues sont souvent simplifiés.

Quelques expressions courantes

Oui.	**Sim.**	sĩ
Non.	**Não.**	nœ̃^{ou}
S'il vous plaît.	**Por favor.**	pour fœvôr
Merci.	**Obrigado.**	ôbrigadou
Merci beaucoup.	**Muito obrigada.***	mõu^{y}tou ôbrigadœ
Il n'y a pas de quoi.	**Não tem de quê.**	nœ̃^{ou} tœ̃^{y} deu ké

Salutations

Bonjour.	**Bom dia.**	bõ diœ
Bonjour.	**Boa tarde.**	bôœ tardeu
Bonsoir.	**Boa noite.**	bôœ noïteu
Bonne nuit.	**Boa noite.**	bôœ noïteu
Au revoir.	**Adeus.**	œdé^{ou}ch
A tout à l'heure.	**Até logo.**	œtè logou
Voici Monsieur...	**Apresento-lhe o Senhor...**	œpreuzẽtou lyeu ou sɨgnôr
Voici Madame...	**Apresento-lhe a Senhora...**	œpreuzẽtou lyeu œ sɨgnôrœ
Voici Mademoiselle...	**Apresento-lhe a Menina...**	œpreuzẽtou lyeu œ meuninœ
Enchanté de faire votre connaissance.	**Muito prazer em conhecê-lo.**	mõu^{y}tou prœzér œ̃^{y} kougneussé lou
Comment allez-vous?	**Como está?**	kômou ɨchta
Très bien, merci.	**Muito bem, obrigado.**	mõu^{y}tou bœ̃^{y} ôbrigadou
Et vous?	**E você?**	i vossé
Bien.	**Bem.**	bœ̃^{y}
Excusez-moi.	**Desculpe.**	dɨchkoulpeu

* Dit par une femme.

	Onde?	õdeu
...se trouve...?	**Onde está...?**	õdeu **ichta**
Où se trouvent...?	**Onde estão...?**	õdeu **ichtœ̃^{ou}**
Quand?	**Quando?**	**k^{ou}œ̃dou**
Quoi?	**O quê?**	ou **ké**
Comment?	**Como?**	**kô**mou
Combien?	**Quanto?**	**k^{ou}œ̃tou**
Combien de...?	**Quantos?**	**k^{ou}œ̃touch**
Qui?	**Quem?**	kœ̃^{y}
Pourquoi?	**Porquê?**	pour**ké**
Lequel/Laquelle?	**Qual?**	k^{ou}al
Comment appelez-vous ceci?	**Como se chama isto?**	**kô**mou seu **chœ**mœ **ich**tou
Comment appelez-vous cela?	**Como se chama aquilo?**	**kô**mou seu **chœ**mœ œ**ki**lou
Que veut dire ceci?	**Que significa isto?**	keu sighni**fi**kœ **ich**tou
Que veut dire cela?	**Que significa aquilo?**	keu sighni**fi**kœ œ**ki**lou

Parlez-vous...?

Parlez-vous anglais?	**Fala inglês?**	falœ ĩ**gléch**
Parlez-vous allemand?	**Fala alemão?**	falœ œleu**mœ̃^{ou}**
Parlez-vous français?	**Fala francês?**	falœ frœ̃**sséch**
Parlez-vous espagnol?	**Fala espanhol?**	falœ ichpœ**gnol**
Parlez-vous italien?	**Fala italiano?**	falœ itœ**lyœ**nou
Pourriez-vous parler plus lentement, s.v.p.?	**Pode falar mais devagar, por favor?**	podeu fœ**lar** maïch deuvœ**gar** pour fœ**vôr**
S.v.p., montrez-moi la phrase dans le livre.	**Por favor, mostre-me a frase no livro.**	pour fœ**vôr moch**treu meu œ **fra**zeu nou **li**vrou

Un instant. Je vais voir si je peux la trouver dans ce livre.	**Um momento por favor, vou ver se posso encontrá-la neste livro.**	õu mou**mẽ**tou pour fœ**vôr** vô **vér** seu **pos**sou ẽkõ**tra** lœ **néch**teu **li**vrou
Je comprends.	**Compreendo.***	kõpr**yẽ**dou
Je ne comprends pas.	**Não compreendo.***	nœ̃^{ou} kõ**pryẽ**dou

Puis-je...?

Puis-je avoir...?	**Pode dar-me...?**	**po**deu dar meu
Pouvons-nous avoir...?	**Pode dar-nos...?**	**po**deu dar nouch
Pouvez-vous me montrer...?	**Pode mostrar--me...?**	**po**deu mou**chtrar** meu
Pouvez-vous me dire...?	**Pode dizer-me...?**	**po**deu di**zér** meu
Pouvez-vous m'aider, s.v.p.?	**Pode ajudar-me, por favor?**	**po**deu œjou**dar** meu pour fœ**vôr**

Je voudrais...

Je voudrais...	**Queria...**	keu**ri**œ
Nous voudrions...	**Queríamos...**	keu**ri**œmouch
Donnez-moi, s.v.p...	**Por favor, dê-me...**	pour fœ**vôr** dé meu
Donnez-le-moi, s.v.p.	**Dê-mo, por favor.**	dé mou pour fœ**vôr**
S.v.p., apportez-moi...	**Por favor, traga-me...**	pour fœ**vôr** **tra**gœ meu
Apportez-le-moi, s.v.p.	**Traga-mo, por favor.**	**tra**gœ mou pour fœ**vôr**
J'ai faim.	**Tenho fome.**	**tœ̃**^{y}gnou **fo**meu
J'ai soif.	**Tenho sede.**	**tœ̃**^{y}gnou **sé**deu
Je suis fatiguée.	**Estou cansada.**	ichtô kœ̃**sa**dœ
Je me suis perdu.	**Estou perdido.**	ichtô peur**di**dou
C'est important.	**É importante.**	è ĩpour**tœ̃**teu
C'est urgent.	**É urgente.**	è our**jẽ**teu
Dépêchez-vous!	**Depressa!**	deu**prè**ssœ

* Au Brésil: **Entendo/Não entendo** (ẽtẽdou/nœ̃^{ou} ẽtẽdou).

C'est/Il y a ...

C'est...	**É...**	è
Est-ce...?	**É...?**	è
Ce n'est pas...	**Não é...**	nœ̃ᵒᵘ è
Il y a...	**Há...**	a
Y a-t-il?	**Há...?**	a
Il n'y a pas...	**Não há...**	nœ̃ᵒᵘ a
Il n'y en a pas. (masc. sing.)	**Não há nenhum/**	nœ̃ᵒᵘ a n**ɨgnoũ**/nœ̃ᵒᵘ
(masc. plur.)	**Não há nenhuns**	a n**ɨgnoũch** (nœ̃ᵒᵘ a
(fém. sing.)	**(Não há nenhuma/**	n**ɨgnou**mœ/nœ̃ᵒᵘ a
(fém. plur.)	**Não há nenhumas).**	n**ɨgnou**mœch)

C'est ...

grand/petit	**grande/pequeno**	**grœ̃**deu/peu**ké**nou
rapide/lent	**rápido/lento**	**ra**pidou/**lẽ**tou
tôt/tard	**cedo/tarde**	**sé**dou/**tar**deu
bon marché/cher	**barato/caro**	bœ**ra**tou/**ka**rou
près/loin	**perto/longe**	**pè**rtou/**lõ**jeu
chaud/froid	**quente/frio**	**kẽ**teu/**fri**ou
plein/vide	**cheio/vazio**	**chœʸ**ou/vœ**zi**ou
facile/difficile	**fácil/difícil**	**fa**ssil/d**ɨfi**ssil
lourd/léger	**pesado/leve**	peu**za**dou/**lè**veu
ouvert/fermé	**aberto/fechado**	œ**bè**rtou/f**ɨcha**dou
juste/faux	**certo/errado**	**sè**rtou/**ɨra**dou
vieux/nouveau	**velho/novo**	**vè**ljou/**nô**vou
âgé/jeune	**idoso/jovem**	i**dô**zou/**jo**vœ̃ʸ
beau/laid	**belo/feio**	**bè**lou/**fœʸ**ou
bon/mauvais	**bom/mau**	bõ/maᵒᵘ
meilleur/pire	**melhor/pior**	m**ɨlyor**/pyor

Prépositions et mots usuels

à	a	œ
sur	sobre	sôbreu
dans	em	œ̃ʸ
à (direction)	para	pœrœ
de	de	deu
dedans	dentro	dẽtrou
dehors	fora	forœ
en haut	em cima	œ̃ʸ simœ
en bas	em baixo	œ̃ʸ baïchou
avant	antes	œ̃tɨch
après	depois	deupoïch
avec	com	kõ
sans	sem	sœ̃ʸ
à travers	através	œtrœvèch
vers	para	pœrœ
jusqu'à	até	œtè
pendant	durante	dourœ̃teu
et	e	i
ou	ou	ô
ne ... pas	não	nœ̃ᵒᵘ
rien	nada	nadœ
aucun	nenhum	nɨgnõu
très	muito	mõuʸtou
aussi	também	tœ̃bœ̃ʸ
bientôt	em breve	œ̃ʸ brèveu
peut-être	talvez	talvéch
ici	aqui	œki
là	ali	œli
maintenant	agora	œgorœ
puis	depois	deupoïch

Arrivée

Vous voici arrivé. Que vous soyez venu en bateau ou en avion, vous devez accomplir les formalités douanières d'usage (Contrôle douanier pour la voiture: voir page 145).

Il y aura certainement, à votre arrivée, un fonctionnaire parlant français et prêt à vous aider. Nous simplifions donc ce chapitre tout en vous indiquant la marche à suivre pour vous débarrasser le plus tôt possible de ces formalités.

Contrôle des passeports

Voici mon passeport.	**Eis aqui o meu passaporte.**	œʸch œki ou mé^ou passœporteu
Je resterai...	**Fico...**	fikou
quelques jours une semaine quinze jours un mois	**alguns dias uma semana quinze dias um mês**	algõuch diœch oumœ seumœnœ kĩzeu diœch õu méch
Je ne sais pas encore.	**Ainda não sei.**	œĩdœ nœ̃^ou sœʸ
Je suis ici en vacances.	**Estou aqui de férias.**	ɨchtô œki deu fèryœch
Je suis ici pour affaires.	**Estou aqui em [à] negócio.**	ɨchtô œki œ̃ʸ [a] neugossyou
Je suis de passage.	**Estou de passagem.**	ɨchtô deu pœssajœ̃ʸ

Si des difficultés surgissent:

Excusez-moi, je ne comprends pas.	**Desculpe, não compreendo [não entendo].**	dɨchkoulpeu nœ̃^ou kõpryẽdou [nœ̃^ou ẽtẽdô]
Y a-t-il quelqu'un ici qui parle français?	**Há aqui alguém que fale francês?**	a œki algœ̃ʸ keu faleu frœ̃ssèch

Douane

Le tableau ci-dessous vous désigne ce que vous pouvez importer en franchise*.

	Cigarettes	Cigares	Tabac (gr.)	Liqueur	Vin
Portugal	200 ou	50 ou	250	1 l et	2 l
Brésil	400	et	250	2 l	

Immédiatement après votre arrivée, il faudra récupérer vos bagages et vous diriger ensuite vers les douaniers. Il arrive rarement à ces derniers de contrôler les bagages de manière approfondie; d'ordinaire, les valises ne sont même pas ouvertes.

Je n'ai rien à déclarer.	**Não tenho nada a declarar.**	nœ^{ou} **tœ^{y}gnou nadœ** œ deuklœ**rar**
J'ai une...	**Tenho...**	**tœ^{y}**gnou
bouteille de whisky/ vin	**uma garrafa de uísque/vinho**	oumœ gœ**rra**fœ deu ^{ou}**ichk**i/**vi**gnou
cartouche de cigarettes	**um pacote de cigarros**	õu pœ**ko**teu deu si**ga**rrouch
Dois-je payer pour ceci?	**Devo pagar por isto?**	**dé**vou pœ**gar** pour **ich**tou
Combien?	**Quanto?**	k^{ou}**œ̃**tou
C'est pour mon usage personnel.	**É para uso pessoal.**	è pœrœ **ou**zou peuss^{ou}**al**
Ce n'est pas neuf.	**Não é novo.**	nœ^{ou} è **nô**vou

* Les quantités peuvent changer sans préavis.

O seu passaporte, por favor.	Votre passeport, s.v.p.
Tem alguma coisa a declarar?	Avez-vous quelque chose à déclarer?
É favor abrir esta mala.	Veuillez ouvrir cette valise.
Tem de pagar direitos por isto.	Vous devez payer des droits de douane sur ceci.
Tem mais bagagem?	Avez-vous d'autres bagages?

Bagages – Porteurs

Porteur!	**Bagageiro [Carregador]!**	bœgœjœ^{y}rou [karrégadôr]
Prenez ces bagages, s.v.p.	**Leve-me a bagagem, por favor.**	lèveu meu œ bœgajœ̃^{y} pour fœvôr
C'est à moi.	**Isto é meu.**	ichtou è mé^{ou}
C'est ma valise.	**Aquela é a minha mala.**	œkèlœ è œ mignœ malœ
Cette ...-là	**Aquela...**	œkèlœ
grande/petite bleue/brune noire/écossaise	**grande/pequena azul/castanha preta/escocesa**	grœ̃deu/peukénœ œzoul/kœchtœgnœ prétœ/ichkousséżœ
Il manque une pièce.	**Falta um volume.**	faltœ ōũ vouloumeu
Emportez ces valises...	**Leve-me a bagagem ao...**	lèveu meu œ bœgajœ̃^{y} a^{ou}
au bus à la consigne automatique au taxi	**autocarro [ônibus] depósito da bagagem táxi**	a^{ou}tokarrou [ônibouss] deupozitou dœ bœgajœ̃^{y} taksi
Combien vous dois-je?	**Quanto é?**	k^{ou}œ̃tou è

POUR LES POURBOIRES, voir page 1

Change

Vous trouverez une banque ou un bureau de change (*agência de câmbio* – œjẽssyœ deu **kœ̃**byou) dans la plupart des aéroports. Si la porte est fermée, ne vous inquiétez pas. Vous pourrez changer de l'argent à votre hôtel. Tous les détails sur la monnaie et les changes vous sont donnés aux pages 134–136.

Où est le bureau de change le plus proche?	**Onde é a agência de câmbio mais próxima?**	**õ**deu è œ œ**jẽ**ssyœ deu **kœ̃**byou maïch **pro**ssimœ
Pouvez-vous changer ces chèques de voyage?	**Pode trocar-me estes cheques de viagem?**	**po**deu trou**kar** meu **éch**teuch **chè**keuch deu **vyajœ̃**^{y}
Je voudrais changer des...	**Quero trocar...**	**kè**rou trou**kar**
dollars	**dólares**	**do**lœrch
francs français	**francos franceses**	**frœ̃**kouch frœ̃**ssé**zeuch
francs belges	**francos belgas**	**frœ̃**kouch **bèl**gœch
francs suisses	**francos suíços**	**frœ̃**kouch **s**^{ou}**i**ssouch
Pouvez-vous changer ceci en escudos/ cruzados?	**Pode trocar-me isto em escudos/ cruzados?**	**po**deu trou**kar** meu **ich**tou œ̃^{y} ɨ**chkou**douch/ krou**za**dôss
Quel est le taux de change?	**A como está [qual é] o câmbio?**	œ **kô**mou ɨ**chta** [k^{ou}al è] ou **kœ̃**byou

Directions

Comment va-t-on à...?	**Como posso ir para...?**	**kô**mou **po**ssou ir pœrœ
Où est le bus pour la ville?	**Onde apanho o autocarro [ônibus] para o centro?**	**õ**deu œ**pœ**gnou ou a^{ou}to**ka**rrou [**ô**nibouss] pœrœ ou **sẽ**trou
Où puis-je trouver un taxi?	**Onde apanho [pego] um táxi?**	**õ**deu œ**pœ**gnou [**pè**gô] ŏu **tak**si
Où puis-je louer une voiture?	**Onde posso alugar um carro?**	**õ**deu **po**ssou œlou**gar** ŏu **ka**rrou

POUR LES NOMBRES, voir page 175

Location de voitures

On trouve des agences de location dans la plupart des aéroports et des terminus. Il est très probable que vous y rencontriez une personne parlant français. Dans le cas contraire, essayez les phrases suivantes:

Je voudrais une...	**Queria alugar um...**	keuriœ **œlugar** õu
voiture	**carro**	karrou
petite voiture	**carro pequeno**	karrou peu**ké**nou
grande voiture	**carro grande**	karrou **grõ**deu
voiture de sport	**carro «sport» [esporte]**	karrou spor [ɨ**spor**tɨ]
Je la voudrais pour...	**Queria-o por...**	keuriœ ou pour
un jour/4 jours	**um dia/4 dias**	õu **di**œ/4 **di**œch
une semaine/ 2 semaines	**uma semana/ 2 semanas**	oumœ seu**mœ**nœ/ 2 seu**mœ**nœch
Quel est le tarif par jour/semaine?	**Qual é a tarifa por dia/semana?**	k^ou^al è œ tœ**ri**fœ pour **di**œ/seu**mœ**nœ
Le kilométrage est-il compris?	**A quilometragem está incluída?**	œ kiloumeu**trajœ̃^y^** ɨ**chta** ĩkl^ou^**i**dœ
Quel est le tarif par kilomètre?	**Quanto custa o quilómetro?**	k^ou^**œ̃**tou **kouch**tœ ou ki**lo**meutrou
L'essence est-elle comprise?	**Está incluído o preço da gasolina?**	ɨ**chta** ĩkl^ou^**i**dou ou **pré**ssou dœ gœzou**li**nœ
Je veux une assurance tous risques.	**Quero seguro contra todos os riscos.**	**kè**rou seu**gou**rou **kõ**trœ **tô**douch ouch **rich**kouch
Quelle est la caution?	**De quanto é o depósito?**	deu **k^ou^œ̃**tou è ou deu**po**zitou
J'ai une carte de crédit.	**Tenho uma carta de crédito.**	**tœ̃^y^**gnou **ou**mœ **kar**tœ deu **krè**ditou
Voici mon permis de conduire.	**Aqui está a minha carta de condução [carteira de motorista].**	œ**ki** ɨ**chta** œ **mi**gnœ **kar**tœ deu kõdou**ssœ̃^ou^** [kar**tœ^y^**ra dɨ môtou**ris**ta]

Remarque: Votre permis de conduire national est valide au Portugal. Un permis international est nécessaire pour circuler au Brésil.

ARRIVÉE

Taxi

Les taxis sont signalés par l'inscription *táxi* ou par la lettre «A» (pour *aluguer* – libre). Tous ne disposent pas d'un compteur. Au Brésil, le prix inscrit au taximètre correspond rarement à celui que vous devrez payer. En effet, les augmentations surviennent à un tel rythme que les compteurs ne sont pas systématiquement réajustés. Aussi est-il conseillé de demander le prix approximatif avant de monter.

Où puis-je trouver un taxi?	**Onde posso encontrar um táxi?**	õdeu possou ẽkõtrar õu taksi
Appelez-moi un taxi, s.v.p.	**Chame-me um táxi, por favor.**	chœmeu meu õu taksi pour fœvôr
Quel est le tarif pour...?	**Qual é o preço do percurso [da corrida] para...?**	k^{ou}al è ou préssou dou peurkoursou [da kôrrida] pœrœ
A quelle distance se trouve...?	**A que distância fica...?**	œ keu dɨchtœ̃ssyœ fikœ
Conduisez-moi...	**Leve-me...**	lèveu meu
à l'aéroport	**ao aeroporto**	a^{ou} œèropôrtou
à cette adresse	**a esta morada [este endereço]**	œ èchtœ mouradœ [éstɨ ẽdéréssô]
à l'hôtel...	**ao hotel...**	a^{ou} otèl
en ville	**ao centro da cidade**	a^{ou} sẽtrou dœ sidadeu
Tournez... au prochain coin de rue.	**Vire... na próxima esquina.**	vireu...nœ prossimœ ɨchkinœ
à gauche/à droite	**à esquerda/à direita**	a ɨchkérdœ/a dirœ^{y}tœ
Continuez tout droit.	**Vá sempre em frente.**	va sẽpreu œ̃^{y} frẽteu
Arrêtez-vous ici, s.v.p.	**Páre aqui, por favor.**	pareu œki pour fœvôr
Je suis pressé(e).	**Estou com pressa.**	ɨchtô kõ prèssœ
Pourriez-vous rouler plus lentement?	**Pode ir mais devagar?**	podeu ir maïch deuvœgar
Pourriez-vous me porter mes bagages?	**Pode levar-me a bagagem?**	podeu leuvar meu œ bœgajœ̃^{y}
Combien vous dois-je?	**Quanto é?**	k^{ou}œ̃tou è

POUR LES POURBOIRES, voir page 1

Hôtel – Logement

Il est indispensable de réserver à l'avance, puis de confirmer votre réservation lorsque vous pensez vous rendre dans un grand centre touristique en pleine saison. S'il vous arrivait de vous trouver sans logement, adressez-vous à l'Office du tourisme (*turismo* – tou**rij**mou). La plupart des villes en sont pourvues.

Hotel (ot**è**l)	Il y a sept catégories d'hôtels au Portugal: hôtels de luxe international, classe A et B; hôtels de luxe, hôtels de première classe A, de première classe B, de deuxième et de troisième classe; certains hôtels d'une même catégorie offrent des prix différents selon leur emplacement et leurs installations.
Pousada (pô**za**dœ)	Hostellerie de style régional gérée par l'Etat (Portugal) et construite à proximité de routes principales ou de sites historiques. Les prix y sont raisonnables et la nourriture excellente. En haute saison, vous ne pourrez y rester que 5 jours.
Estalagem (ichtœ**la**jœ̃ʸ)	Même genre que la *pousada,* mais plus cher. N'appartient pas à l'Etat.
Motel (mot**è**l)	En extension, surtout au Brésil. Les motels offrent *dormida e pequeno almoço* (Portugal) ou *pernoite e café da manhã* (Brésil) – nuit et petit déjeuner.
Pensão (pẽ**ssœ̃**ºᵘ)	Correspond à une pension de famille. Il en existe trois catégories: luxe, première et seconde classe. On y offre la *pensão completa* (pension complète) ou *dormida e pequeno almoço [pernoite e café da manhã]* (nuit et petit déjeuner).
Albergue da juventude (al**bèr**gheu dœ jouvẽ**tou**deu)	Auberge de jeunesse (Portugal). Vous pourrez séjourner dans ces auberges à Lisbonne et dans quelques villes de la côte.

Remarque: Des appartements meublés ou des villas peuvent être loués par l'intermédiaire d'agences spécialisées.

Nous consacrons plus spécialement ce chapitre aux hôtels à prix moyen et aux pensions de famille. Vous n'éprouverez aucune difficulté à vous faire comprendre dans les hôtels de luxe et de première classe où une grande partie du personnel parle français.

Dans les pages qui suivent, nous examinons vos problèmes un à un, du début à la fin de votre séjour. Il n'est pas nécessaire de tout lire à la fois. Examinez chaque cas séparément.

Formalités d'arrivée – Réception

Je m'appelle...	**O meu nome é...**	ou méou **nômeu** è
J'ai réservé.	**Tenho uma reserva feita.**	**tœ̃y**gnou **oum**œ reuz**è**rvœ **fœy**tœ
Nous avons réservé deux chambres, l'une à un lit et l'autre à deux lits.	**Reservámos dois quartos, um individual [de solteiro] e um de casal.**	reuzeur**va**mouch **doïch** **kouar**touch õu ĩdivi**doual** [dɨ sol**tœy**rô] i õu deu kœ**zal**
Je vous ai écrit le mois dernier.	**Escrevi-lhe o mês passado.**	ɨchkreu**vi** lyeu ou **méch** pœ**ssa**dou
Voici la confirmation.	**Aqui está a confirmação.**	œ**ki** ɨch**ta** œ kõfirmœ**ssœ̃ou**
Je voudrais une chambre avec...	**Queria um quarto com...**	keu**ri**œ õu **kouar**tou kõ
deux lits	**duas camas**	**dou**œch **kœ**mœch
salle de bains	**casa de banho**	**ka**zœ deu **bœ**gnou
douche	**chuveiro**	chou**vœy**rou
balcon	**varanda**	vœ**rœ̃**dœ
vue	**vista**	**vich**tœ
Nous voudrions une chambre...	**Queríamos um quarto...**	keu**ri**œmouch õu **kouar**tou
sur la rue	**na frente**	nœ **frẽ**teu
sur l'arrière	**nas traseiras [de fundos]**	nœch trœ**zœy**rœch [dɨ **fõu**dôs]
avec vue sur l'océan	**com vista para o mar**	kõ **vich**tœ **pœ**rœ ou **mar**
sur la cour	**dando para o pátio**	**dœ̃**dou **pœ**rœ ou **pa**tyou

Nous aimons le calme.	**Deve ser tranquilo.**	dèveu sér trœ̃k^{ou}ilou
Y a-t-il...?	**Há...?**	a
air conditionné	**ar condicionado**	ar kõdissyounadou
blanchisserie	**serviço de lavandaria**	seurvissou deu lœvœ̃dœriœ
chauffage	**aquecimento**	œkèssimẽtou
eau chaude	**água quente**	ag^{ou}œ kẽteu
eau courante	**água corrente**	ag^{ou}œ kourrẽteu
radio/télévision dans la chambre	**rádio/televisão no quarto**	radyou/teuleuvizœ̃^{ou} nou k^{ou}artou
service en chambre	**serviço de quartos**	seurvissou deu k^{ou}artouch
toilettes particulières	**casa de banho [privada] particular**	kazœ deu bœgnou [privada] pœrtikoular

Combien?

Quel est le prix...?	**Qual é o preço...?**	k^{ou}al è ou préssou
par semaine/nuit	**por semana/noite**	pour seumœnœ/noïteu
pour la chambre et le petit déjeuner	**por dormida e pequeno almoço***	pour dourmidœ i peukénou almôssou
pour la chambre seulement	**sem refeições**	sœ̃^{y} reufœ^{y}ssõ^{y}ch
de la pension complète	**da pensão completa**	dœ pẽssœ̃^{ou} kõplètœ
Ce prix comprend-il...?	**O preço inclui...?**	ou préssou ĩklou^{y}
le petit déjeuner	**pequeno almoço***	peukénou almôssou
les repas	**refeições**	reufœ^{y}ssõ^{y}ch
le service	**serviço**	seurvissou
les taxes	**imposto**	ĩpôchtou
Y a-t-il une réduction pour les enfants?	**Fazem redução às crianças?**	fazœ̃^{y} reudoussœ̃^{ou} ach kryœ̃ssœch
Le bébé doit-il payer?	**O bébé paga?**	ou bèbè pagœ
C'est trop cher.	**É caro demais.**	è karou deumaïch
Auriez-vous quelque chose de moins cher?	**Não há nada mais barato?**	nœ̃^{ou} a nadœ maïch bœratou

* Au Brésil: **pernoite e café da manhã** (pérnoïti i kafè da magnœ̃).

POUR LES NOMBRES, voir page 175

Combien de temps?

Nous resterons...	**Ficamos...**	fikœmouch
une nuit seulement	**só uma noite**	so oumœ noïteu
quelques jours	**alguns dias**	algõuch diœch
une semaine (au moins)	**uma semana (pelo menos)**	oumœ seumœnœ (pélou ménouch)
Je ne sais pas encore.	**Ainda não sei.**	œĩdœ nœ̃^{ou} sœ^{y}

Décision

Puis-je voir la chambre?	**Posso ver o quarto?**	possou vér ou k^{ou}artou
Non, elle ne me plaît pas.	**Não, não gosto.**	nœ̃^{ou} nœ̃^{ou} gochtou
Elle est trop...	**É muito...**	è mõu^{y}tou
froide/chaude	**frio/quente**	friou/kẽteu
sombre/petite	**escuro/pequeno**	ɨchkourou/peukénou
bruyante	**barulhento**	bœroulyẽtou
J'ai demandé une chambre avec salle de bains.	**Pedi um quarto com casa de banho.**	peudi õu k^{ou}artou kõ kazœ deu bœgnou
N'avez-vous rien de...?	**Tem alguma coisa...?**	tœ̃^{y} algoumœ koïzœ
mieux/plus grand	**melhor/maior**	mɨlyor/mœïor
meilleur marché/plus tranquille	**mais barata/mais tranquila**	maïch bœratœ/maïch trœ̃k^{ou}ilœ
Avez-vous une chambre avec une plus jolie vue?	**Tem um quarto com melhor vista?**	tœ̃^{y} õu k^{ou}artou kõ mɨlyor vichtœ
C'est bien. Je la prends.	**Está bem. Fico com ele.**	ɨchta bœ̃^{y}. fikou kõ éleu

La note

On la règle chaque semaine ou, si l'on reste moins longtemps, au moment du départ. La plupart des hôtels offrent une réduction de 35% pour les enfants de moins de 8 ans qui partagent la chambre de leurs parents. Au Brésil, la réduction accordée aux enfants varie entre 35 et 50%.

POUR LES JOURS DE LA SEMAINE, voir page 181

Pourboires

Le service (15%) est généralement compris dans la note au Portugal, mais vous pouvez demander:

Le service est-il compris?	**O serviço está incluído?**	ou seurvissou ɨchta ĩkl^{ou}idou

Au Brésil, le service varie entre 10 et 15%. Certains hôtels l'incluent dans leurs prix, d'autres ne le font pas. Examinez les notes attentivement.

Déclaration de séjour

A votre arrivée à l'hôtel ou à la pension, on vous présentera une fiche d'inscription (*uma ficha* – **ou**mœ **fi**chœ). Vous devrez y indiquer votre nom, votre adresse habituelle, le numéro de votre passeport et votre prochaine destination. Il est vraisemblable que ces fiches comportent une traduction française. Sinon, vous pouvez demander à un employé de la réception:

Que signifie cela?	**Que significa isto?**	keu sighni**fi**kœ **ich**tou

Le réceptionniste (*porteiro* – pour**tœ**^{y}rou) vous réclamera probablement votre passeport, qu'il gardera quelques heures. En outre, il vous posera peut-être les questions suivantes:

Posso ver o seu passaporte?	Puis-je voir votre passeport?
Queira preencher esta ficha, faz favor.	Veuillez remplir cette fiche, s.v.p.
Assine aqui, por favor.	Veuillez signer ici, s.v.p.
Quanto tempo vai ficar?	Combien de temps resterez-vous?

POUR LES POURBOIRES, voir page 1

Quel est le numéro de ma chambre?	**Qual é o número do meu quarto?**	kºᵘal è ou **nou**meurou dou méºᵘ **kºᵘar**tou
Voulez-vous faire monter nos bagages?	**Pode mandar subir as nossas malas?**	**po**deu mœ̃**dar** sou**bir** œch **no**ssœch **ma**lœch

Service, s.v.p.

chasseur	**o paquete/groom [o boy de hotel]**	ou pœ**ké**teu/groum [ô boʸ dɨ o**tèl**]
directeur	**o gerente**	ou jeu**rẽ**teu
femme de chambre	**a criada de quarto [a arrumadeira]**	œ **krya**dœ deu **kºᵘar**tou [a arrouma**dœʸ**ra]
serveur	**o criado de mesa [o garçom]**	ou **krya**dou deu **mé**zœ [ô gar**sõ**]
serveuse	**a criada de mesa [a garçonete]**	œ **krya**dœ deu **mé**zœ [a garso**né**tɨ]
téléphoniste	**a telefonista**	œ teuleufou**nich**tœ

Appelez les membres du personnel *senhor* (sɨ**gnôr**) ou *senhora* (sɨ**gnô**rœ).

Menus services

Dites à la femme de chambre de monter, s.v.p.	**Por favor, chame a criada de quarto [arrumadeira].**	pour fœ**vôr chœ**meu œ **krya**dœ deu **kºᵘar**tou [arrouma**dœʸ**ra]
Qui est là?	**Quem é?**	kœ̃ʸ è
Un instant, s.v.p.	**Um momento.**	õu mou**mẽ**tou
Entrez!	**Entre!**	**ẽ**treu
Y a-t-il une salle de bains à cet étage?	**Há uma casa de banho [um banheiro] neste andar?**	a **ou**mœ **ka**zœ deu **bœ**gnou [õu ba**gnœʸ**rô] **néch**teu œ̃**dar**
Où est la prise pour le rasoir?	**Onde está a tomada para a máquina de barbear [barbeador eléctrico]?**	õdeu ɨ**chta** œ tou**ma**dœ **pœ**rœ œ **ma**kinœ deu bœr**byar** [barbya**dôr** ɨ**lè**trikô]
Quel est le voltage ici?	**Qual é a voltagem aqui?**	kºᵘal è œ vôl**ta**jœ̃ʸ œ**ki**
Pouvons-nous prendre le petit déjeuner dans notre chambre?	**Podemos tomar o pequeno almoço [café da manhã] no quarto?**	pou**dé**mouch tou**mar** ou peu**ké**nou al**mô**ssou [ka**fè** da ma**gnœ̃**] nou **kºᵘar**tou

HÔTEL – SERVICE

Je voudrais déposer ceci dans votre coffre-fort.	**Gostaria de deixar isto no cofre do hotel.**	gouchtœ**ri**œ deu dœy**char** **ich**tou nou **ko**freu dou o**tèl**
Puis-je avoir...?	**Pode dar-me...?**	**po**deu dar meu
cendrier	**um cinzeiro**	õu sĩ**zœy**rou
(d'autres) cintres	**(mais) alguns cabides**	(maïch) al**gõu**ch kœ**bi**deuch
couverture supplémentaire	**mais um cobertor**	maïch õu koubeur**tôr**
cubes de glace	**cubos de gelo**	**kou**bouch deu **jé**lou
enveloppes	**envelopes**	ẽveu**lo**peuch
lampe de chevet	**um candeeiro [abajur]**	õu kœ̃**dyœy**rou [aba**jour**]
oreiller supplémentaire	**mais uma almofada [um travesseiro]**	maïch **ou**mœ almou**fa**dœ [õu travé**ssœy**rô]
papier à lettres	**papel de carta**	pœ**pèl** deu **kar**tœ
savon	**um sabonete**	õu sœbou**né**teu
serviette de bain	**uma toalha de banho**	**ou**mœ **t**ou**a**lyœ deu **bœ**gnou
Où est/Où sont...?	**Onde é...?**	**õ**deu è
coiffeur pour hommes	**o barbeiro**	ou bœr**bœy**rou
restaurant	**o restaurante**	ou richtaou**rœ̃**teu
salle de bains	**a casa de banho [o banheiro]**	œ **ka**zœ deu **bœ**gnou [ô ba**gnœy**rô]
salle à manger	**a casa de jantar**	œ **ka**zœ deu jœ̃**tar**
salle de télévision	**a sala de televisão**	œ **sa**lœ deu teuleuvi**zœ̃ou**
salon de beauté	**o salão de beleza**	ou sœ**lœ̃ou** deu beu**lé**zœ
salon de coiffure	**o cabeleireiro**	ou kœbeulœy**rœy**rou
toilettes	**a retrete [a privada]**	œ reu**trè**teu [a privada]

Petit déjeuner

Le petit déjeuner portugais est composé de café (noir ou avec du lait), de petits pains, de beurre et de confiture. Dans les grands hôtels, vous pouvez commander un petit déjeuner beaucoup plus copieux.

Je voudrais...	**Traga-me...**	**tra**gœ meu
céréales	**cornflakes**	korn**flœy**kss
confiture	**doce [geleia]**	**dô**sseu [gé**lœy**a]
confiture d'orange	**doce [geleia] de laranja**	**dô**sseu [gé**lœy**a] deu lœ**rœ̃**jœ

jus de fruit	**sumo [suco] de fruta**	soumou [soukô] deu froutœ
grapefruit	**toranja [grapefruit]**	tourœ̃jœ [grœ^{y}pɨfroutɨ]
orange	**laranja**	lœrœ̃jœ
œufs	**ovos**	ovouch
œufs au bacon	**ovos com toucinho**	ovouch kõ tôssignou
œufs brouillés	**ovos mexidos**	ovouch meuchidouch
œuf à la coque	**ovo cozido**	ôvou kouzidou
mollet/moyen/dur	**escalfado/médio/ duro**	ɨchkalfadou/mèdyou/ dourou
œufs au plat	**ovos estrelados**	ovouch ɨchtreuladouch
toasts	**torradas**	tourradœch
Puis-je avoir...?	**Pode dar-me...?**	podeu dar meu
beurre	**manteiga**	mœ̃tœ^{y}gœ
café/thé	**café/chá**	kœfè/cha
chocolat chaud	**chocolate quente**	choukoulateu kẽteu
citron/miel	**limão/mel**	limœ̃^{ou}/mèl
crème/sucre	**nata [creme]/ açúcar**	natœ [krèmɨ]/œssukœr
eau chaude	**água quente**	ag^{ou}œ kẽteu
lait chaud/froid	**leite quente/frio**	lœ^{y}teu kẽteu/friou
pain/petits pains	**pão/pãezinhos**	pœ̃^{ou}/pœ̃^{y}zignouch
sel/poivre	**sal/pimenta**	sal/pimẽtœ
Pouvez-vous m'ap- porter un/une...?	**Pode trazer-me...?**	podeu trœzér meu
assiette	**um prato**	õu pratou
couteau	**uma faca**	oumœ fakœ
cuillère	**um colher**	oumœ koulyèr
fourchette	**um garfo**	õu garfou
serviette	**um guardanapo**	õu g^{ou}œrdœnapou
tasse	**uma chávena [xícara]**	oumœ chaveunœ [chikara]
verre	**um copo**	õu kopou

Difficultés

Le/La/L'/Les ... ne fonctionne(nt) pas.	**... não funciona.**	nœ̃^{ou} fõussyonœ
air conditionné	**o ar condicionado**	ou ar kõdissyounadou
chauffage	**o aquecimento**	ou œkèssimẽtou
lumière	**a luz**	œ louch
radio/télévision	**o rádio/a televisão**	ou radyou/œ teuleuvizœ̃^{ou}

POUR LES RESTAURANTS, voir pages 38–64

robinet	**a torneira**	œ tour**nœ^{y}**rœ
toilettes	**a retrete [a privada]**	œ reu**trè**teu [a pri**va**da]
ventilateur	**a ventoinha**	œ vẽt^{ou}**i**gnœ
Le lavabo est bouché.	**O lavatório está entupido [A pia está entupida].**	ou lœvœ**to**ryou ɨ**chta** ẽtou**pi**dou [a **pi**a ɨ**sta** ẽtou**pi**da]
La fenêtre est bloquée.	**A janela está empenada [com defeito].**	œ jœ**nè**lœ ɨ**chta** ẽpeu**na**dœ [kõ dé**fœ^{y}**tô]
La porte ne ferme pas.	**A porta não fecha.**	œ **por**tœ nœ̃^{ou} **fœ^{y}**chœ
Il n'y a pas d'eau chaude.	**Não há água quente.**	nœ̃^{ou} a **ag^{ou}**œ **kẽ**teu
J'ai laissé ma clé dans ma chambre.	**Deixei a chave no quarto.**	dœ^{y}**chœ^{y}** œ **cha**veu nou **k^{ou}ar**tou
L'ampoule a sauté.	**A lâmpada fundiu-se [queimou].**	œ **lœ̃**pœdœ fõudi^{ou}-seu [**kœ̃^{y}**mô]
Le/La/L'... ne fonctionne plus.	**... está partido/a [quebrado/a].**	ɨ**chta** pœr**ti**dou/œ [ké**bra**dô/a]
interrupteur	**o interruptor**	ou ĩteurroup**tôr**
jalousie	**a gelosia**	œ jeulou**zi**œ
lampe	**o candeeiro [abajur]**	ou kœ̃**dyœ^{y}**rou [aba**jour**]
persienne	**a persiana [veneziana]**	œ peur**sy**œnœ [véné**zya**na]
prise	**a tomada**	œ tou**ma**dœ
store	**o toldo**	ou **tôl**dou
Pouvez-vous le faire réparer?	**Pode repará-lo [consertá-lo]?**	**po**deu reupœ**ra** lou [kõssér**ta** lô]

Téléphone – Courrier

Pouvez-vous me donner le 123456 à Lisbonne?	**Pode ligar-me para o 123456 em Lisboa?**	**po**deu li**gar** meu **pœ**rœ ou 123456 œ̃^{y} lij**bô**œ
Est-ce qu'on m'a appelé?	**Alguém me telefonou?**	al**gœ̃^{y}** meu teuleufou**nô**
Avez-vous des timbres?	**Tem selos?**	tœ̃^{y} **sé**louch
Pouvez-vous poster ceci, s.v.p.?	**Pode pôr-me isto no correio, por favor?**	**po**deu pôr meu **ich**tou nou kour**rœ^{y}**ou pour fœ**vôr**

POUR LA POSTE ET LE TELEPHONE, voir pages 137–138

Départ

Puis-je avoir ma note, s.v.p.?	**Pode dar-me a conta, por favor?**	podeu dar meu œ kõtœ pour fœvôr
Je pars demain matin de bonne heure. Préparez ma note, s.v.p.	**Parto amanhã cedo. Prepare a minha conta, por favor.**	partou amœgnœ̃ sédou. preupareu œ mignœ kõtœ pour fœvôr
Nous partons vers midi.	**Partimos por volta do meio-dia.**	pœrtimouch pour voltœ dou mœ^{y}ou diœ
Je dois partir immédiatement.	**Tenho de partir imediatamente.**	tœ̃^{y}gnou deu pœrtir imeudyatœmẽteu
Tout est-il compris?	**Está tudo incluído?**	ɨchta toudou ĩkl^{ou}idou
Je crois que vous avez commis une erreur dans cette note.	**Penso que se enganou na conta.**	pẽssou keu seu ẽgœnô nœ kõtœ
Pouvez-vous nous appeler un taxi?	**Pode chamar-nos um táxi?**	podeu chœmar nouch ũ taksi
A quelle heure part le prochain... pour Sintra?	**A que horas parte o próximo... para Sintra?**	œ keu orœch parteu ou prossimou...pœrœ sĩtrœ
avion	**avião**	œvyœ̃^{ou}
bus	**autocarro [ônibus]**	a^{ou}tokarrou [ônibouss]
train	**comboio [trem]**	kõbo^{y}ou [trœ̃^{y}]
Pouvez-vous envoyer quelqu'un pour descendre nos bagages?	**Pode mandar descer a nossa bagagem?**	podeu mœ̃dar deuchsér œ nossœ bœgajœ̃^{y}
Nous sommes très pressés.	**Temos muita pressa.**	témouch mũ^{y}tœ prèssœ
Voici ma future adresse.	**Eis o meu próximo endereço.**	œ^{y}ch ou mé^{ou} prossimou ẽdeuréssou
Vous avez mon adresse habituelle.	**Já tem o meu endereço particular.**	ja tœ̃^{y} ou mé^{ou} ẽdeuréssou pœrtikoular
Nous avons fait un séjour très agréable.	**Tivemos uma óptima estadia.**	tivèmouch oumœ otimœ ɨchtœdiœ
J'espère que nous reviendrons un jour.	**Esperamos voltar.**	ɨchpeurœmouch vôltar

POUR LES TAXIS, voir page 27

Restaurant

Goûter à la cuisine portugaise sera l'une des expériences les plus intéressantes de votre voyage. Nous décrivons ci-dessous quelques restaurants typiques que vous aurez toutes les chances de rencontrer sur votre chemin. Dans les petites *pousadas* et les *casas de fado* ou encore dans les *adegas típicas*, vous pourrez manger et boire au son du *fado*, chanson populaire portugaise.

Ne manquez pas, au Brésil, les *churrascarias*, restaurants spécialisés dans les grillades.

Café-bar (kœ**fè** bar)	Un bar à café où l'on peut consommer des boissons chaudes et froides; vous pourrez souvent y prendre une collation.
Casa de fado (**ka**zœ deu **fa**dou)	Taverne portugaise typique, où l'on écoute, sur fond de guitare, le célèbre *fado*. Ces tavernes sont situées dans les vieux quartiers de Lisbonne *(Bairro de Alfama, Bairro Alto)*.
Churrascaria (chourrœchkœ**ri**œ)	Restaurant; spécialités de grillades. Une *churrascaria* offre une grande variété de viandes grillées, généralement accompagnées de pommes de terre frites et d'une sauce piquante, faite d'oignons, de tomates et de poivrons verts (Brésil).
Churrasqueira (chourrœch**kœ**^{y}rœ)	Restaurant; spécialités de poulet.
Confeitaria (kõfœ^{y}tœ**ri**œ)	Pâtisserie qui offre du thé, du café et d'autres boissons.
Estalagem (ɨchtœ**la**jœ̃^{y})	Auberge servant des spécialités régionales.
Pastelaria (pœchteulœ**ri**œ)	Identique à la *confeitaria*.
Pousada (po**za**dœ)	Auberge appartenant à l'Etat et où l'on peut consommer des spécialités locales; elles sont souvent édifiées près des grandes routes ou des sites touristiques.

Restaurante (richtaᵒᵘrœ̃teu)	Restaurants dont la qualité est déterminée par leur catégorie: *de luxo* (de luxe), *de primeira, de segunda* ou *de terceira classe* (première, deuxième ou troisième catégorie).
Salão de chá (sœlœ̃ᵒᵘ deu cha)	Salon de thé élégant.
Snack-bar (snèk bar)	Identiques aux nôtres.

Heure des repas

Nous nous préoccupons, dans ce chapitre, du déjeuner et du dîner. Nous supposons que vous avez pris le petit déjeuner à votre hôtel (voir p. 34). Le déjeuner (*o almoço* – ou al**mô**ssou) est généralement servi de 13 h. à 15 h. aussi bien au Portugal qu'au Brésil.

Le dîner (*o jantar* – ou jœ̃**tar**) est servi assez tard dans les *casas de fado* (vers 21 h.), où le spectacle est censé débuter vers 22 h. Dans les restaurants ordinaires, on peut dîner entre 19 h. 30 et 21 h.

Les Brésiliens ont pour habitude de manger tardivement (entre 20 h. et 23 h.); ils aiment s'attarder à table: ne soyez donc pas surpris si le service est plutôt lent.

Coutumes

La plupart des restaurants portugais et brésiliens affichent un menu à l'entrée (*ementa* au Portugal et *cardápio* au Brésil). A côté des mets «à la carte», vous pouvez consommer les menus déjà composés. Le service (*serviço* ou *couvert* au Brésil) est de 10%. Il n'est pas toujours inclus dans la note. Vous êtes libre de donner un pourboire. Pour une légère collation, quelques pièces de menue monnaie suffiront. Par contre, si vous avez dégusté un bon repas, vous pouvez laisser 5% de l'addition à l'intention du garçon.

Vous constaterez, à la lecture de certains menus, que le vin est compris *(vinho incluído)*.

Le *prato do dia* (**pra**tou dou **di**œ – le plat du jour) est un bon repas, d'un prix raisonnable. Un mot comme *especialidade* sur la carte, indique qu'il s'agit d'une spécialité du restaurant.

O que deseja?	Que désirez-vous?
Aconselho isto.	Je vous recommande ceci.
O que deseja beber?	Que désirez-vous boire?
Não temos...	Nous n'avons pas...
Deseja...?	Désirez-vous...?

Avez-vous faim?

Je voudrais quelque chose à manger/boire.	**Queria algo para comer/beber.**	keur**i**œ **al**gou pœrœ kou**mér**/beu**bér**
Pouvez-vous me recommander un bon restaurant?	**Pode aconselhar-me um bom restaurante?**	**po**deu œkõsseu**lyar** meu õu bõ richta^{ou}**rœ̃**teu
Y a-t-il un restaurant à prix raisonnable dans les environs?	**Há um bom restaurante barato aqui perto?**	a õu bõ richta^{ou}**rœ̃**teu bœ**ra**tou œ**ki** **pèr**tou

Si vous voulez être sûr d'obtenir une place dans un restaurant célèbre ou une *casa de fado*, il est préférable de réserver à l'avance.

Je voudrais réserver une table pour 4 personnes.	**Queria reservar uma mesa para 4 pessoas.**	keur**i**œ reuzeur**var** **ou**mœ **mé**zœ pœrœ 4 peu**ssô**œch
Nous viendrons à 8 h.	**Viremos às 8.**	vi**ré**mouch ach 8

Demandes et commandes

Bonsoir. Je voudrais une table pour 3 personnes.	**Boa noite. Queria uma mesa para 3 pessoas.**	bôœ noïteu. keuriœ oumœ mézœ pœrœ 3 peussôœch
Pourrions-nous avoir une table...?	**Podemos ter uma mesa...?**	poudémouch tér oumœ mézœ
dans un coin	**ao [no] canto**	aᵒᵘ [nô] kœ̃tou
près de la fenêtre	**perto da janela**	pèrtou dœ jœnèlœ
dehors	**ao ar livre**	aᵒᵘ ar livreu
sur la terrasse	**no terraço**	nou teurrassou
Garçon!	**Faz favor... [Garçom!]**	fach fœvôr [garsõ]
Puis-je voir la carte?	**Pode dar-me a ementa [o cardápio]?**	podeu dar meu œ ɨmẽtœ [ô kardapyô]
Qu'est ceci?	**O que é isto?**	ou keu è ichtou
Avez-vous...?	**Tem...?**	tœ̃ʸ
un menu fixe	**uma ementa fixa [um menu feito]**	oumœ ɨmẽtœ fiksœ [ou ménou fœʸtô]
plats régionaux	**pratos típicos**	pratouch tipikouch
un menu pour enfants	**uma ementa [pratos] para crianças**	oumœ ɨmẽtœ [pratôs] pœrœ kryœ̃ssœch
Le service est-il compris?	**O serviço [couvert] está incluído?**	ou seurvissou [«couvert»] ɨchta ĩklᵒᵘidou
Veuillez nous apporter un/une...	**Pode dar-nos... por favor?**	podeu dar nouch pour fœvôr
assiette	**um prato**	õu pratou
cendrier	**um cinzeiro**	õu sĩzœʸrou
autre chaise	**outra cadeira**	ôtrœ kœdœʸrœ
couteau	**uma faca**	oumœ fakœ
cuiller	**uma colher**	oumœ koulyèr
fourchette	**um garfo**	õu garfou
serviette	**um guardanapo**	õu gᵒᵘœrdœnapou
verre	**um copo**	õu kopou
Je voudrais...	**Queria...**	keuriœ
apéritif	**um aperitivo**	õu œpeuritivou
assaisonnement	**tempero**	tẽpérou
beurre	**manteiga**	mœ̃tœʸgœ
bière	**uma cerveja**	oumœ seurvœʸjœ
café	**café**	kœfè

POUR LES RECLAMATIONS, voir page 57

citron	**limão**	limœ̃^{ou}
dessert	**uma sobremesa**	oumœ soubreumézœ
eau (glacée)	**água (com gelo)**	ag^{ou}œ (kõ jélou)
eau minérale	**uma água mineral**	oumœ ag^{ou}œ mineural
fromage	**queijo**	kœ^{y}jou
fruit	**fruta**	froutœ
fruits de mer	**marisco**	mœrichkou
gibier	**caça**	kassœ
glace	**um gelado [um sorvete]**	õu jeuladou [õu sôrvétɨ]
hors-d'œuvre	**uns acepipes [uns salgadinhos]**	õuch œsseupipeuch [õuss salgadignôss]
huile d'olive	**azeite**	œzœ^{y}teu
ketchup	**molho ketchup**	môlyou kètchœp
lait	**leite**	lœ^{y}teu
laitue	**alface**	alfasseu
légumes	**legumes**	leugoumeuch
moutarde	**mostarda**	mouchtardœ
pain	**pão**	pœ̃^{ou}
pâtes	**massa**	massœ
petits pains	**uns pãezinhos**	õuch pœ̃^{y}zignouch
poissons	**peixe**	pœ^{y}cheu
poivre	**pimenta**	pimẽtœ
pommes frites	**batatas fritas**	bœtatœch fritœch
pommes de terre	**batatas**	bœtatœch
riz	**arroz**	œrrôch
saccharine	**sacarina**	sœkœrinœ
salade	**uma salada**	oumœ sœladœ
sandwich	**uma [um] sanduíche**	oumœ [õu] sœ̃d^{ou}icheu
sel	**sal**	sal
soupe	**uma sopa**	oumœ sôpœ
sucre	**açúcar**	œssoukœr
thé	**chá**	cha
viande	**carne**	karneu
vin	**vinho**	vignou
volaille	**aves**	aveuch

Qu'y a-t-il sur la carte?

Nous avons établi notre carte selon l'ordre habituel des plats. Sous chaque titre figure une liste alphabétique des mets susceptibles de se trouver sur une carte portugaise, avec leurs équivalents en français. Vous pouvez aussi montrer le livre au garçon; par exemple, si vous désirez des fruits, demandez-lui de vous indiquer sur la liste ceux qui sont disponibles. Pour les commandes, référez-vous aux pages 41 et 42.

Voici notre lexique gastronomique. Passez directement aux plats par lesquels vous voulez commencer.

Vous ne parcourrez certainement pas toutes les étapes du menu. Lorsque vous en aurez assez, dites:

Je suis servi(e), merci.	**Mais nada, obrigado/a.**	maïch nadœ ôbrigadou/œ

Hors-d'œuvre – Entrées

Je voudrais des hors-d'œuvre.	**Queria uns acepipes [uns salgadinhos].**	keu**ri**œ o͂uch œsseu**pi**peuch [o͂uss salga**di**gnôss]
acepipes variados	œsseu**pi**peuch vœ**rya**douch	hors-d'œuvre variés
alcachofras	alkœ**cho**frœch	artichauts
ameijoas	œ**mœ**ʸjᵒᵘœch	palourdes
anchovas	œ̃**cho**vœch	anchois
arroz de atum	œ**rrôch** deu œ**to͂u**	riz au thon
arroz de tomate	œ**rrôch** deu tou**ma**teu	riz aux tomates et aux oignons
atum	œ**to͂u**	thon
azeitonas (recheadas)	œzœʸ**tô**nœch (reu**chya**dœch)	olives (farcies)
bolinhos de bacalhau	bou**li**gnouch deu bœkœ**lya**ᵒᵘ	croquettes de morue séchée et de pommes de terre
camarões	kœmœ**rõ**ʸ**ch**	crevettes
caracóis	kœrœ**ko**ʸ**ch**	escargots
caranguejo	kœrœ̃**gœ**ʸjou	crabe
castanhas de cajú	kœch**tœ**gnœch deu ka**jou**	noix de cajou
cogumelos	kougou**mè**louch	champignons
enguia	ẽ**ghi**œ	anguille
espargos	ɨch**par**gouch	asperges
favas	**fa**vœch	grosses fèves
à Algarvia	a algœr**vi**œ	avec du poulet, des saucisses et du jambon
à saloia	a sœ**loï**œ	avec du lard émincé et de la saucisse
fiambre	**fyœ̃**breu	viande froide
fígado de ganso	**fi**gœdou deu **gœ̃**ssou	foie d'oie
melão	meu**lœ̃**ᵒᵘ	melon
com vinho do Porto	kõ **vi**gnou dou **por**tou	arrosé de porto
mexilhões	meuchi**lyõ**ʸ**ch**	moules
ostras	**ôch**trœch	huîtres
do Algarve	dou al**gar**veu	cuites dans du beurre et du vin sec
recheadas	reu**chya**dœch	avec une sauce à la crème et des oignons
paio	**paï**ou	saucisse de porc salé
peixe-agulha frito	**pœ**ʸcheu œ**gou**lyœ **fri**tou	aiguille de mer frite
pimentos	pi**mẽ**touch	poivrons

RESTAURANT

presunto	preuz**õũ**tou	jambon fumé ou salé
cru	krou	cru
com figos	kõ **fi**gouch	avec des figues
salgadinhos variados	salga**di**gnôss varya**dô**ss	hors-d'œuvre variés (Brésil)
sardinhas	sœr**di**gnœch	sardines
sumo [suco] de fruta	**sou**mou [**sou**kô] deu **frou**tœ	jus de fruit
laranja	lœ**rœ̃**jœ	orange
tomate	tou**ma**teu	tomate
tomates recheados	tou**ma**teuch reu**chya**douch	tomates farcies de pain et de fromage, ou de viande, ou encore de riz

casquinhas de caranguejo (kas**ki**gnass dɨ karœ̃**gœ**ʸjô) — carcasse de crabe farcie de chair de crabe assaisonnée (Brésil)

chouriço (chô**ri**ssou) — saucisse de porc fumée, à l'ail et au paprika

empadinhas de atum (ẽpœ**di**gnœch deu œt**õũ**) — petits pâtés au thon

Œufs et omelettes

Les œufs sont populaires au Portugal et ils sont souvent offerts en alternative à la soupe ou aux hors-d'œuvre, ou encore comme second plat.

ovos	**o**vouch	œufs
cozidos	kou**zi**douch	à la coque
duros	**dou**rouch	durs
à Minhota	a mi**gnô**tœ	cuits à la poêle avec des tomates et des oignons
omelete	omeu**lè**teu	omelette
de camarões	deu kœmœ**rõʸch**	aux crevettes
de chouriço	deu chô**ri**ssou	à la saucisse de porc
de cogumelos	deu kougou**mè**louch	aux champignons
de marisco	deu mœ**rich**kou	aux fruits de mer
de presunto	deu preuz**õũ**tou	au jambon

RESTAURANT

Potages et soupes

Je voudrais un potage. Que me recommandez-vous?	**Queria sopa. O que me aconselha?**	keuri**œ** **sôp**œ. ou keu meu œkõ**ssœ**^{y}lyœ
açorda de alho	œ**ssôr**dœ deu **a**lyou	soupe au pain, avec de l'ail et des fines herbes
canja	**kœ̃**jœ	bouillon de poule au riz
sopa	**sô**pœ	soupe
à pescador	a pɨchkœ**dôr**	soupe de poissons
de agriões	deu œ**gryõ**^{y}**ch**	potage au cresson
de alho	deu **a**lyou	bouillon parfumé à l'ail
de feijão	deu fœ^y**jœ̃**^{ou}	soupe à la purée de chou et de haricots rouges
de feijão frade	deu fœ^y**jœ̃**^{ou} **fra**deu	soupe de haricots blancs
de feijão verde	deu fœ^y**jœ̃**^{ou} **vér**deu	soupe de haricots verts, de purée de pommes de terre et de fines herbes
de grão	deu **grœ̃**^{ou}	soupe de pois-chiches, avec des oignons et des épinards
de legumes	deu leu**gou**meuch	soupe aux légumes
de marisco	deu mœ**rich**kou	potage aux fruits de mer
de mexilhão	deu meuchi**lyœ̃**^{ou}	potage aux moules
Transmontana	trœ̃chmõ**tœ**nœ	soupe aux légumes et à la viande de porc, servie avec des tranches de pain

caldo verde (**kal**dou **vér**deu) léger potage aux pommes de terre, avec des tranches de saucisse fumée et séchée *(chouriço)* et de fines lamelles de chou vert

gaspacho (gœ**ch**pachou) potage froid fait de tomates, de poivrons, de concombre, servi avec des croûtons de pain

sopa de tomate à Portuguesa (**sô**pœ deu tou**ma**teu a pourtou**ghé**zœ) tomates, ail, oignons accompagnés d'œufs pochés et de pain

Poissons et fruits de mer

Lorsque vous fréquenterez les bords de l'Océan, ne manquez pas de goûter les poissons et les fruits de mer fraîchement pêchés.

Je voudrais du poisson.	**Queria peixe.**	keuriœ **pœ**ʸcheu
Quelle sorte de fruits de mer avez-vous?	**Que espécies [tipos] de marisco tem?**	keu ɨchp**è**ssɨch [**ti**pôss] deu mœ**rich**kou tœ̃ʸ

ameijoas	œ**mœ**ʸjᵒᵘœch	palourdes
anchovas	œ̃**chô**vœch	anchois
arenque	œ**rẽ**keu	hareng
atum	œ**tõũ**	thon
bacalhau	bœkœ**lyaᵒᵘ**	morue
calamares	kœlœ**ma**reuch	calmars
camarões	kœmœ**rõʸch**	crevettes
camarões grandes	kamar**õʸss grœ̃**dɨss	langoustines (Brésil)
caranguejo	kœrœ̃**gœʸ**jou	crabe
carapau	kœrœ**paᵒᵘ**	épinoche
cherne	**chèr**neu	mérou
choco	**chô**kou	seiche
congro	**kõ**grou	congre
enguia	ẽ**ghi**œ	anguille
esturjão	ɨchtour**jœ̃ᵒᵘ**	esturgeon
gambas	**gœ̃**bœch	crevettes
lagostins	lœgou**chtĩch**	crevettes roses
lampreia	lœ̃**prœʸ**œ	lamproie
linguado	lĩ**gᵒᵘa**dou	sole
lulas	**lou**lœch	poulpe
mexilhões	meuchi**lyõʸch**	moules
ostras	**ôch**trœch	huîtres
pargo	**par**gou	brème
peixe agulha	**pœ**ʸcheu œ**gou**lyœ	aiguille de mer
pescadinha	pɨchkœ**di**gnœ	merlan
polvo	**pôl**vou	pieuvre
robalo	rou**ba**lou	bar
rodovalho	roudou**va**lyou	turbot
salmão (fumado)	sal**mœ̃ᵒᵘ** (fou**ma**dou)	saumon (fumé)
santola	sœ̃**to**lœ	gros crabe
sardinhas	sœr**di**gnœch	sardines
sável	**sa**vèl	alose (poisson voisin du hareng)
sururú	souro**rou**	sorte de mollusque (Brésil)

RESTAURANT

Comment préférez-vous le poisson?

cuit à la vapeur	**cozido a vapor**	kou**zi**dou œ vœ**pôr**
cuit au four	**no forno**	nou **fôr**nou
frit	**frito**	**fri**tou
fumé	**fumado [defumado]**	fou**ma**dou [défou**ma**dô]
grillé	**grelhado**	grɨ**lya**dou
mariné	**de escabeche**	deu ɨchkœ**bè**cheu
poché	**cozido [pochê]**	kou**zi**dou [«poché»]
sauté	**salteado [sauté]**	sal**tya**dou [«sauté»]

Les plats au *bacalhau* (morue séchée et salée) sont l'une des plus fameuses spécialités portugaises. Voici les noms de préparations que vous rencontrerez certainement:

bacalhau à Brás (bœkœ**lya**ou a brach) lamelles de morue séchée, frites avec des oignons et des pommes de terre dans des œufs battus

bacalhau à Gomes de Sá (bœkœlya**ou** a **gô**meuch deu sa) morue cuite en ragoût dans du lait de noix de coco (Brésil)

bacalhau podre (bœkœ**lya**ou **pô**dreu) un plat cuit au four; une couche de morue frite au beurre alterne avec une couche de pommes de terre frites; le tout est recouvert de miettes de pain et de fromage râpé.

bacalhau com leite de coco (bœkœ**lya**ou kõ **lœ**ytɨ dɨ **kô**kô) morue cuite en ragoût dans du lait de noix de coco (Brésil)

Essayez donc l'une des spécialités suivantes:

caldeirada (kaldœy**ra**dœ) différentes sortes de poissons que l'on fait mijoter avec des oignons, des pommes de terre et de l'huile d'olive

lulas recheadas (**lou**lœch reu**chya**dœch) poulpe farci de jaunes d'œufs, de jambon émincé, d'oignons et de sauce tomate

moqueca de peixe (mô**kè**ka dɨ **pœ**ychɨ) ragoût fait de poisson et de fruits de mer ou de crevettes, avec du lait de noix de coco, de l'huile *dendê* (huile de palme) et d'autres assaisonnements (Brésil)

vatapá (vata**pa**)	poisson et crevettes (séchées ou fraîches) dans une pâte faite de riz, de farine, de miettes de pain, de lait de noix de coco, d'huile *dendê*, de cacahuètes, de noix de cajou et d'épices (Brésil)

Viande

Au Portugal, le *bife* (du mot anglais «beef») est le mot qui désigne le steak, même s'il s'agit de viande de veau, de porc ou même de chair de poisson. La plupart du temps, les *bifes* de veau sont meilleurs que ceux de bœuf. Vous pouvez aussi essayer les côtelettes d'agneau (*costeletas* – kouchteu**lé**tœch) qui sont délicieuses au Portugal.

Je voudrais...	**Queria...**	keu**ri**œ
agneau	**borrego [carneiro]**	bou**rré**gou [kar**nœ**^{y}**rô**]
bœuf	**carne de vaca**	**kar**neu deu **va**kœ
porc	**carne de porco**	**kar**neu deu **pôr**kou
veau	**carne de vitela**	**kar**neu deu vi**tè**lœ
bife	**bi**feu	steak
borrego [carneiro]	bou**rré**gou [kar**nœ**^{y}**rô**]	agneau
assado	œ**ssa**dou	rôti
cabrito	kœ**bri**tou	cabri
carne de vaca	**kar**neu deu **va**kœ	bœuf
assada	œ**ssa**dœ	rôti
cozida	kou**zi**dœ	cuit
carneiro	kœr**nœ**^{y}rou	mouton
carnes frias	**kar**neuch **fri**œch	assortiment de viandes froides
chouriço	chô**ri**ssou	saucisse de porc au paprika
costeleta	kouchteu**lé**tœ	côte, côtelette
fígado	**fi**gœdou	foie
leitão	lœ^{y}**tœ̃**^{ou}	cochon de lait
língua	**lĩ**g^{ou}œ	langue
porco	**por**kou	porc
assado	œ**ssa**dou	rôti
presunto	preu**zõu**tou	jambon fumé ou salé
cru	kru	cru
presunto inteiro	preu**zõu**tou ĩ**tœ**^{y}rou	jambon entier
rins	**rĩ**ch	rognons
salsicha	sal**si**chœ	saucisse
toucinho fumado	tô**ssi**gnou fou**ma**dou	lard fumé
vitela	vi**tè**lœ	veau

bife na frigideira (**bifeu** nœ frɨjidœ^{y}rœ)	bifteck frit au beurre, avec du vin blanc et de l'ail, servi avec du jambon et du pain rôti
carne de pôrco à Alentejana (**kar**neu deu **por**kou a œlẽteu**jœ**nœ)	porc hâché cuit avec des palourdes, des tomates et des oignons
carne de sol com feijão verde (**kar**nɨ dɨ sol kõ fœ^{y}**jœ^{ou} vér**dɨ)	viande séchée au soleil, consommée avec des haricots (Brésil)
churrasco misto (chour**raskô mis**tô)	viandes variées en grillade (bœuf, porc, saucisses) (Brésil)
cozido à Portugesa (kou**zi**dou a pourtou**ghé**zœ)	bœuf cuit avec du jambon, une saucisse fumée, du riz et des légumes
(fœ^{y}**j^{ou}**ada)	c'est le plat national brésilien; des haricots noirs cuits avec du lard, du porc salé et séché et des saucisses; se mange avec du riz, des tranches d'orange et de la *farofa* (farine de manioc rôtie dans du beurre ou de l'huile)
rojões à moda do Minho (rou**jõ^{y}ch** a **mo**dœ dou **mi**gnou)	porc haché que l'on fait mariner dans un vin blanc sec avec des oignons et des herbes aromatiques et que l'on frit ensuite
sarapatel (sarapa**tèl**)	un ragoût de viscères et de sang de porc ou de mouton (Brésil)

Comment aimez-vous la viande?

bouillie	**cozida**	kou**zi**dœ
braisée	**estufada**	ɨchtou**fa**dœ
cuite au four	**no forno**	nou **fô**rnou
frite	**frita**	**fri**tœ
grillée	**grelhada**	grɨ**lya**dœ
en ragoût	**guisada [estufada]**	ghi**za**dœ [ɨstou**fa**da]
rôtie	**assada**	œ**ssa**dœ
sautée	**salteada [sauté]**	sal**tya**dœ [«sauté»]
saignante	**meio crua**	**mœ^{y}**ou **krou**œ
à point	**média [ao ponto]**	**mè**dyœ [a^{ou} **põ**tou]
bien cuite	**bem passada**	bœ̃^{y} pœ**ssa**dœ

Gibier et volaille

Tant au Portugal qu'au Brésil, le poulet, préparé de cent manières différentes, est l'un des mets favoris. Les Portugais vous étonneront peut-être par le grand choix de volaille et de gibier offert dans maintes régions.

Je voudrais du gibier.	**Queria caça.**	keu**ri**œ **ka**ssœ

capão	kœ**pœ̃**ou	chapon
codorniz [codorna]	koudour**nich** [kô**dôr**na]	caille
coelho	kouœylyou	lapin
faisão	faï**zœ̃**ou	faisan
frango	**frœ̃**gou	poulet
assado	œ**ssa**dou	rôti
coxa/perna de galinha	**kô**chœ/**pèr**nœ deu gœ**li**gnœ	cuisse de poulet
guisado	ghi**za**dou	ragoût de poulet
peito de galinha	**pœy**tou deu gœ**li**gnœ	blanc de poulet
galinhola	gœli**gno**lœ	bécasse
ganso	**gœ̃**ssou	oie
javali	jœvœ**li**	sanglier
lebre	**lè**breu	lièvre
pato	**pa**tou	canard
perdiz	peur**dich**	perdrix
perú	peu**rou**	dinde
pombo	**põ**bou	pigeon
veado	**vya**dou	venaison

arroz de frango (œr**rôch** deu **frœ̃**gou) poulet grillé avec du vin blanc, du jambon et du riz

coelho assado (kouœylyou œ**ssa**dou) lapin rôti avec des oignons, du vin blanc et des herbes aromatiques

frango na Púcara (**frœ̃**gou nœ **pou**kœrœ) poulet en ragoût avec du porto et du cognac, puis frit avec des amandes préalablement cuites dans une sauce au vin

galeto com polenta (ga**lé**tô kõ pô**lẽ**ta) coquelet rôti avec de la polenta (Brésil)

pato no tucupí (pa**tô** nô toukou**pi**) canard rôti avec du *tucupi* (sauce au manioc) (Brésil)

xinxím de galinha (chĩ**chĩ** dɨ ga**li**gna) poulet cuit dans une sauce faite de crevettes séchées, de cacahuètes et de persil (Brésil)

Légumes

Quels légumes me recommandez-vous?	**Que legumes me aconselha?**	keu leu**gou**meuch meu œkõ**ssœ**ylyœ
abóbora	œ**bo**bourœ	potiron, courge
agriões	œ**gryõych**	cresson
aipo	**aï**pou	céleri
alcachofra	alkœ**cho**frœ	artichaut
alface	al**fa**sseu	laitue
alho	**a**lyou	ail
alho-porro	alyou **pô**rrou	poireau
batatas	bœ**ta**tœch	pommes de terre
batata doce	bœ**ta**tœ **dô**sseu	patate douce
berinjela	beurĩ**jè**lœ	aubergine
brócolos [brócoli]	**bro**koulouch [**bro**kôli]	broccoli
beterraba	beuteu**rra**bœ	betterave
cebolas	seu**bô**lœch	oignons
cenouras	seu**nô**rœch	carottes
chicória	chi**ko**ryœ	chicorée
cogumelos	kougou**mè**louch	champignons
couve	**kô**veu	chou
couve-flor	**kô**veu flôr	chou-fleur
ervilhas	ɨr**vi**lyœch	pois
espargos	ɨch**par**gouch	asperges
favas	**fa**vœch	grosses fèves
feijão	fœy**jœ̃ou**	haricots secs
feijão verde	fœy**jœ̃ou** **vér**deu	haricots verts
funcho	**fũ**chou	fenouil
grão	grœ̃ou	pois chiches
legumes mistos	leu**gou**meuch **mich**touch	légumes variés
lentilhas	lẽ**ti**lyœch	lentilles
milho doce	**mi**lyou **dô**sseu	maïs doux
palmito	pal**mi**tô	cœur de palmier (Brésil)
pepino	peu**pi**nou	concombre
pepinos pequenos	peu**pi**nouch peu**ké**nouch	cornichons
pimentos doces	pi**mẽ**touch **dô**sseuch	poivrons doux
quiabo	**kya**bô	okra (plante potagère – Brésil)
rabanetes	rœbœ**né**teuch	radis
repolho	reu**pô**lyou	chou pommé
salada mista	sœ**la**dœ **mich**tœ	salade mêlée
salsa	**sal**sœ	persil
tomates	tou**ma**teuch	tomates
trufas	**trou**fœch	truffes
vagens	**va**jœ̃ych	haricots verts
xuxú	chou**chou**	sorte de rutabaga (Brésil)

Et si vous visitez le Brésil, essayez l'un de ces délicieux plats aux légumes:

acarajé (akarajè)	purée de haricots à l'huile *dendê* (huile de palme), servie avec une sauce aux piments, aux oignons et aux crevettes
tutú à mineira (toutou a minœʸra)	plat fait de haricots, de farine de manioc, de porc, de chou, d'œufs frits et de tranches de lard rissolées

Fromages

Les fromages portugais sont souvent faits d'un mélange de lait de brebis et de chèvre, ou de lait de vache et de lait de chèvre. Le Brésil produit également quelques fromages, qui sont consommés comme dessert, en étant accompagnés de confitures ou de douceurs, comme la *goiabada*, une pâte à base de goyave. On offre rarement un plateau de fromages dans les restaurants portugais et brésiliens.

Je voudrais du fromage.	**Queria queijo.**	keuriœ kœʸjou

crémeux	*Queijo da Serra, Azeitão, Évora, Castelo Branco, Serpa, Requeijão* (un fromage brésilien fabriqué dans l'Etat de Minas Gerais)
fromage au lait de chèvre	*Cabreiro* (doit être mangé frais), *Queijo de Minas* (fromage brésilien, délicieux avec de la *goiabada)*
fromage au lait de vache	*São João, São Jorge, Ilha* (fromage propre aux Açores), *Queijo do Sertão* (Brésil)

Fruits

Avez-vous des fruits frais?	**Tem fruta fresca?**	tœ̃ʸ **froutœ fréchkœ**
Je voudrais une salade de fruits (frais).	**Queria uma salada de fruta (fresca).**	keu**ri**œ **ou**mœ sœ**la**dœ deu **frou**tœ (**fréch**kœ)
abacaxí	abaka**chi**	ananas (Brésil)
alperces	al**pèr**seuch	abricots
ameixas	œ**mœʸ**chœch	prunes
ameixas passas [secas]	œ**mœʸ**chœch **pa**ssœch [**sé**kass]	pruneaux secs
amêndoas	œ**mẽ**dᵒᵘœch	amandes
amoras	œ**mo**rœch	mûres
ananás	œnœ**nach**	ananas
avelãs	œveu**lœ̃ch**	noisettes
banana	bœ**nœ**nœ	banane
caqui	ka**ki**	kaki (Brésil)
castanhas	kœch**tœ**gnœch	châtaignes
cerejas	seu**rœʸ**jœch	cerises
damascos	da**mas**kôss	abricots (Brésil)
figos	**fi**gouch	figues
framboesas	frœ̃bᵒᵘ**é**zœch	framboises
goiaba	goï**a**ba	goyave (Brésil)
jabuticuba	jabouti**kou**ba	jaboticaba, fruit noir juteux (Brésil)
laranja	lœ**rœ̃**jœ	orange
lima	**li**mœ	lime (citron doux)
limão	li**mœ̃ᵒᵘ**	citron
limão verde	li**mœ̃ᵒᵘ vér**di	lime (Brésil)
maçã	mœ**ssœ̃**	pomme
mamão	ma**mœ̃ᵒᵘ**	papaye (Brésil)
maracujá	marakou**ja**	fruit de la Passion (Brésil)
melancia	meulœ̃**ssi**œ	pastèque
melão	meu**lœ̃ᵒᵘ**	melon
morangos	mou**rœ̃**gouch	fraises
nêsperas	**néch**peurœch	nèfles
nozes	**no**zeuch	noix
passas	**pa**ssœch	raisins secs
pêra	**pé**rœ	poire
pêssego	**pé**sseugou	pêche
tâmaras	**tœ**mœrœch	dates
tangerinas	tœ̃jeu**ri**nœch	mandarines
toranja	tou**rœ̃**jœ	grapefruit
umbu	õu**bou**	fruit tropical (Brésil)
uvas	**ou**vœch	raisins

RESTAURANT

Desserts

Les gâteaux, tartes et douceurs, généralement faits de jaunes d'œufs (Portugal) ou de noix de coco râpée (Brésil) font partie de tous les repas. Vous les trouverez probablement un peu trop doux; dans ce cas, goûtez aux glaces (*gelado* au Portugal et *sorvete* au Brésil). Elles sont merveilleuses!

Je voudrais un dessert, s.v.p.	**Queria uma sobremesa, por favor.**	keuriœ **oum**œ soubreu**mé**zœ pour fœ**vôr**
Quelque chose de léger, s.v.p.	**Algo de ligeiro [Algo leve], por favor.**	**al**gou deu lijœ^{y}rou [**al**go **lè**vɨ] pour fœ**vôr**
Une petite portion, s.v.p.	**Uma dose pequena, por favor.**	**oum**œ **do**zeu peu**ké**nœ pour fœ**vôr**
Je suis servi(e), merci.	**É tudo, obrigado/a.**	è **tou**dou ôbri**ga**dou/œ

Si vous avez de la peine à faire votre choix...

Quels desserts servez-vous?	**O que tem de sobremesa?**	ou keu tœ̃^{y} deu soubreu**mé**zœ
Que me recommandez-vous?	**O que me aconselha?**	ou keu meu œkõ**ssœ**^{y}lyœ

biscoitos	bɨch**koï**touch	biscuits
bolo	**bô**lou	gâteau
gelado [sorvete]	jeu**la**dou [sôr**vé**tɨ]	glace
de baunilha	deu ba^{ou}**ni**lyœ	à la vanille
de chocolate	deu choukou**la**teu	au chocolat
de maracujá	deu mœrœkou**ja**	aux fruits de la passion
de morango	deu mou**rœ̃**gou	à la fraise
pudim flã	pou**dĩ** flœ̃	crème aux œufs et au caramel
pudim de laranja	pou**dĩ** deu lœ**rœ̃**jœ	crème parfumée à l'orange
pudim de ovos	pou**dĩ** deu **o**vouch	pudding aux œufs

arroz doce (œ**rrõch dô**sseu)	pudding au riz
baba de môça (**ba**ba dɨ **mô**ssa)	dessert fait de sucre, de sirop, de lait de noix de coco et de cannelle
cocada (kô**ka**da)	dessert à la noix de coco râpée (Brésil)

doce de abóbora (**dôssɨ dɨ** a**bo**bôra)	gâteau à la pâte de potiron et à la noix de coco (Brésil)
farófias (fœ**ro**fyœch)	blancs d'œufs montés en neige, cuits dans du lait sucré et garnis de cannelle et de crème aux œufs
goiabada (goïa**ba**da)	pâte de goyave (Brésil)

L'addition

Je voudrais payer, s.v.p.	**Queria pagar.**	keu**ri**œ pœ**gar**
Nous voudrions payer chacun notre part.	**Queríamos pagar cada um separadamente.**	keu**ri**œmouch pœ**gar** **kœ**dœ ou seupœra-dœ**mẽ**teu
Vous avez commis une erreur dans l'addition, je crois.	**Creio que se enganou na conta.**	**krœ**ʸou keu seu ẽgœ-**nô** nœ **kõ**tœ
A quoi correspond ce montant?	**A que corresponde esta importância?**	œ keu kourreu**chpõ**deu **èch**tœ ĩpour**tõ**ssyœ
Le service est-il compris?	**O serviço está incluído?**	ou seur**vi**ssou ɨch**ta** ĩkl**ᵒᵘi**dou
Est-ce que tout est compris?	**Está tudo incluído?**	ɨch**ta** **tou**dou ĩkl**ᵒᵘi**dou
Acceptez-vous les chèques de voyage?	**Aceita cheques de viagem?**	œs**sœʸ**tœ **chè**keuch deu vya**jœ̃ʸ**
Merci, voici pour vous.	**Obrigado/a, isto é para si.**	ôbri**ga**dou/œ **ich**tou è **pœ**rœ si
Gardez la monnaie.	**Guarde o troco.**	**gᵒᵘar**deu ou **trô**kou
C'était un très bon repas.	**A refeição estava muito boa.**	œ reufœʸ**ssœ̃ᵒᵘ** ɨch**ta**vœ **mõũʸ**tou **bô**œ
Nous avons apprécié, merci.	**Apreciámos [Gostamos], obrigado/a.**	œpreussy**a**mouch [gôs**ta**-môss] ôbri**ga**dou/œ

SERVIÇO INCLUÍDO

SERVICE COMPRIS

Réclamations

Mais peut-être avez-vous une réclamation à formuler:

Ce n'est pas ce que j'ai commandé. J'ai demandé...	**Não é o que eu encomendei. Eu pedi...**	nœ̃ou è ou keu éou ẽkoumẽ**dœ**y. éou peu**di**
Pouvez-vous m'échanger ceci?	**Pode trocar isto?**	**po**deu trou**kar ich**tou
La viande est...	**A carne está...**	œ **kar**neu **ɨchta**
trop cuite	**passada demais**	pœ**ssa**dœ deu**maïch**
pas assez cuite	**mal passada**	mal pœ**ssa**dœ
trop saignante	**muito crua**	**mõũ**ytou **krou**œ
trop dure	**dura demais**	**dou**rœ deu**maïch**
C'est trop...	**Isto está muito...**	**ich**tou **ɨchta mõũ**ytou
amer/salé/sucré	**amargo/salgado/ doce**	œ**mar**gou/sal**ga**dou/ **dô**sseu
La nourriture est froide.	**A comida está fria.**	œ kou**mi**dœ **ɨchta fri**œ
Ce n'est pas frais.	**Isto não é fresco.**	**ich**tou nœ̃ou è **fréch**kou
Pourquoi tardez-vous autant?	**Porque demora tanto?**	**pour**keu deu**mo**rœ **tœ̃**tou
Avez-vous oublié de nous apporter nos boissons?	**Esqueceu-se de nos trazer as bebidas?**	ɨchkè**ssé**ou seu deu nouch trœ**zér** œch beu**bi**dœch
Ce n'est pas propre.	**Isto não está limpo.**	**ich**tou nœ̃ou **ɨchta lĩ**pou
Envoyez-nous le maître d'hôtel, s.v.p.	**Pode chamar o Chefe de Mesa [Gerente], por favor?**	**po**deu chœ**mar** ou **chè**feu deu **mé**zœ [jé**rẽ**tɨ] pour fœ**vôr**

Boissons

Apéritifs

Les Portugais aiment boire un *vermute* (vèr**mou**teu – vermouth) avant le dîner. Vous constaterez que certains d'entre eux préfèrent un léger porto ou un *Moscatel de Setúbal;* quant aux Brésiliens, ils prendront plutôt une *batida* (rhum blanc, citron doux et glaçons) ou une bière, ou encore un gin tonic.

Vin

Les conditions climatiques influent sur la variété et la qualité du vin portugais. Un certain nombre de régions vinicoles sont classées et contrôlées par l'Etat, ceci en raison des caractéristiques particulières de leurs vins. Tels sont par exemple la Vallée du Douro, au nord (vin de Porto) et les districts de Dão, Bucelas et Colares.

La production du vin dans la Vallée du Douro remonte aux Croisades. Cependant, le vin désigné aujourd'hui sous le nom de porto n'est connu que depuis peu de siècles. En 1678, deux Anglais, qui venaient d'acheter la récolte d'une vigne de monastère, se demandaient comment envoyer ce breuvage en Angleterre pour qu'il y parvienne en bonne condition. Il leur vint à l'idée d'ajouter un peu d'eau-de-vie à chaque barrique. Ainsi naquit le fameux porto.

Pour assurer l'intégrité du vin, l'Institut du Vin de Porto en surveille attentivement la production et l'expédition. L'aire de culture est limitée strictement, et de nombreux prélèvements sont effectués parmi les vins quittant le pays, afin d'en contrôler la couleur, le bouquet et la qualité.

Les Portugais semblent préférer les vins plus secs et plus légers au moment de l'apéritif ou du dessert. Un alcool plus populaire encore que le porto est le *Moscatel,* blanc et léger, cultivé dans la région de Setúbal, au sud de Lisbonne. On le consomme souvent avant les repas.

Les *vinhos verdes* (rouges, rosés ou blancs) sont appelés *verdes* (verts) parce que les raisins, même une fois mûrs, restent acides et peu sucrés. Leur pourcentage d'alcool est plutôt bas. Ils proviennent du nord-ouest du pays.

Selon une loi portugaise, les hôtels, les *pousadas* et les pensions se doivent d'offrir à ceux de leurs clients qui commandent un menu à prix fixe 6 dl. du vin de la maison (*vinho da casa* – **vi**gnou dœ **ka**zœ).

RESTAURANT

Les vignes brésiliennes sont cultivées dans le sud du pays. Cette région produit quelques bons vins rouges et blancs. Les Brésiliens, cependant – vraisemblablement en raison de la forte température qui règne dans leur pays – préfèrent la bière ou l'une de leurs boissons exotiques et rafraîchissantes.

Type de vin	Exemple	Accompagne
vin blanc doux	*Moscatel, Carcavelos, Favaios* (semblable au Moscatel), *Madeira* (Sercial)	tous les desserts et les douceurs; le *Moscatel* est souvent bu avant les repas
vin rouge doux	*Madeira* (vin de Malvoisie, Bual), *Douro* (vin de Porto)	les desserts et les douceurs; peut être pris comme apéritif; donne une saveur particulière aux sauces qui accompagnent les viandes
vin blanc sec et léger	*Almeirim, Dão,* la plupart des blancs de type *vinhos verdes, Bucelas, Alcobaça Oeiras, Colares, Douro* (Porca de Murça, Cacho de Oyro Pérola)	le poisson, les fruits de mer, les hors-d'œuvre, les mets au fromage
rosé	*Pinhel,* rosés de type *vinhos verdes*	volaille; plats froids
vin léger	*Amaral, Gaeiras,* tous les rouges de type *vinhos verdes, Douro* (Douro Clarete, Palhete)	volaille; viande
vin capiteux	*Periquita, Lagoa, Colares* (Serradayres), *Dão, Bairrada*	viande; gibier
vin mousseux	*Espumante* (champagne portugais); la plupart des *vinhos verdes, Bairrada* – les vins mousseux *vinhos espumantes naturais* des *Caves da Raposeira* sont particulièrement renommés	les desserts et les douceurs; est souvent bu comme apéritif

Je voudrais ... de ...	**Queria ... de ...**	keuriœ...deu
bouteille	**uma garrafa**	oumœ gœrrafœ
demi-bouteille	**uma meia garrafa**	oumœ **mœ^{y}œ** gœ**rra**fœ
carafe	**um jarro**	õu **ja**rrou
litre	**um litro**	õu **li**trou
verre	**um copo**	õu **ko**pou
Je voudrais une bouteille de vin blanc/rouge.	**Queria uma garrafa de vinho branco/ tinto.**	keuriœ **ou**mœ gœ**rra**fœ deu **vi**gnou **brœ̃**kou/ **tĩ**tou
Avez-vous du vin ouvert?	**Tem vinho da casa?**	tœ̃^{y} **vi**gnou dœ **ka**zœ
Je voudrais une autre bouteille, s.v.p.	**Queria outra garrafa, por favor.**	keuriœ **ô**trœ gœ**rra**fœ pour fœ**vôr**
D'où vient ce vin?	**Donde vem este vinho?**	**dõ**deu vœ̃^{y} **éch**teu **vi**gnou
Quel est le nom de ce vin?	**Qual é o nome deste vinho?**	k^{ou}al è ou **nô**meu **déch**teu **vi**gnou
Combien d'années a ce vin?	**Quantos anos tem este vinho?**	**k^{ou}œ̃**touch **œ**nouch tœ̃^{y} **éch**teu **vi**gnou

blanc	**branco**	**brœ̃**kou
rosé	**rosé/palhete**	«rosé»/pœ**lyé**teu
rouge	**tinto**	**tĩ**tou
capiteux	**encorpado [com buquê]**	ẽkour**pa**dou [kõ «bouquet»]
doux	**doce**	**dô**sseu
léger	**ligeiro [leve]**	li**jœ^{y}**rou [**lè**vɨ]
pétillant	**espumante**	ɨchpou**mœ̃**teu
sec	**seco**	**sé**kou

Autres boissons alcoolisées

Les bars et les hôtels des plus importants centres touristiques sont généralement bien pourvus en bières, vins et liqueurs, tant régionaux qu'étrangers. Hors des sentiers battus, vous trouverez des eaux-de-vie locales ou l'explosive *aguardente*, faite d'alcool pur. La bière de *Sagres* est l'une des bières portugaises que vous pouvez essayer. Au Brésil, méfiez-vous quelque peu de la *cachaça*, un rhum très corsé.

apéritif	**uma aperitivo**	õu œpeuritivou
bière	**uma cerveja**	oumœ seurvœ^{y}jœ
cidre	**uma sidra**	oumœ sidrœ
cognac	**um conhaque**	õu kognakeu
cordial	**um cordial**	õu kourdyal
eau-de-vie	**uma aguardente**	oumœ ag^{ou}ardẽteu
gin	**uma genebra [um gim]**	oumœ jeunèbrœ [õu jĩ]
gin-fizz	**um gin-fizz**	õu «gin-fizz»
gin tonic	**uma genebra [um gim] com água tónica**	oumœ jeunèbrœ [õu jĩ] kõ ag^{ou}œ tonikœ
liqueur	**um licor**	õu likôr
porto	**vinho do Porto**	vignou dou pôrtou
rhum	**um rum [um ron/ uma cachaça]**	õu rõu [õu rõ/ ouma kachassa]
Scotch	**um scotch**	õu «scotch»
vermouth	**um vermute**	õu vèrmouteu
wodka	**um vodka**	oumœ vodkœ
whisky	**um uísque**	õu ^{ou}ichkɨ
soda	**com soda**	kõ sodœ
xérès	**um xerez**	õu cheuréch

bouteille	**uma garrafa**	oumœ gœrrafœ
verre	**um copo**	õu kopou
avec de la glace	**com gelo**	kõ jélou
pur	**puro**	pourou

Si vous désirez boire une liqueur après le dîner, essayez un *conhaque* portugais tel que le *Borges* ou le *Constantino.* Vous pouvez aussi goûter une eau-de-vie locale appelée *Tríplice* ou encore un *Barros* (eau-de-vie de raisin).

Je voudrais goûter un verre de... s.v.p.	**Queria provar um copo de... por favor.**	keuriœ prouvar õu kopou deu...pour fœvôr
Y a-t-il des spécialités locales?	**Há especialidades regionais?**	a ɨchpeussyœlidadeuch reujyouna^{y}ch
Apportez-moi un verre de Borges, s.v.p.	**Traga-me um Borges, por favor.**	tragœ meu õu borjeuch pour fœvôr

La *batida* est un cocktail brésilien, exotique et ... explosif. Il peut sembler délectable au palais des non-Brésiliens, mais attention à ses effets! L'ingrédient de base de la *batida* est un rhum corsé auquel on ajoute du jus de fruits tropicaux, du sucre et de la glace.

batida de cajú (batida dɨ kajou)	*cachaça,* jus de noix de cajou, sucre et glace
batida de maracujá (batida dɨ marakouja)	*cachaça,* jus de fruit de la passion, sucre et glace
caipirinha (ka^{y}pirigna)	*cachaça,* jus de lime, sucre et glace

SAÚDE!
(sœoudeu)
SANTÉ!

Autres boissons

Je voudrais...	**Queria...**	keuriœ
café	**um café**	oũ kœfè
crème	**com leite (um garoto)**	kõ lœ^{y}teu (oũ gœrôtou)
espresso	**um expresso [cafèzinho]**	oũ œ^{y}chprèssou [kafèzignô]
glacé	**um café gelado**	oũ kœfè jeuladou
noir	**puro [preto]**	pourou [prétô]
chocolat (chaud)	**um chocolate (quente)**	oũ choukoulateu (kẽteu)
eau minérale	**água mineral**	ag^{ou}œ mineural
eau tonique	**uma água tónica**	oumœ ag^{ou}œ tonikœ
frappé	**um batido [um frape]**	oũ bœtidou [oũ frapɨ]
jus de fruit	**um sumo [suco]**	oũ soumou [soukô]
ananas	**de ananás**	deu œnœnach
citron	**de limão**	deu limœ̃^{ou}
grapefruit	**de toranja**	deu tourœ̃jœ
orange	**de laranja**	deu lœrœ̃jœ
pomme	**de maçã**	deu mœssœ̃
tomate	**de tomate**	deu toumateu

limonade	**uma limonada**	oumœ limounadœ
orangeade	**uma laranjada**	oumœ lœrœ̃jadœ
thé	**chá**	cha
citron	**com limão**	kõ limœ̃^{ou}
crème	**com leite**	kõ lœ^{y}teu
glacé	**um chá gelado**	õu cha jeuladou

Remarque: Nous vous recommandons de ne pas boire d'eau du robinet, surtout au Brésil.

Boissons rafraîchissantes

Les Brésiliens adorent les boissons fraîches (*refrescos* – ré**frés**kôss). Certaines sont très exotiques, d'autres très sucrées. A vous de choisir!

água de coco	ag^{ou}a dɨ kôkô	lait de coco
caldo de cana	kaldô dɨ kana	jus de canne
Cuba libre	kouba librɨ	rhum et coca
frape	frapɨ	frappé
de chocolate	dɨ chôkôlatɨ	au chocolat
de café	dɨ kafè	au café
de morango	dɨ môrœ̃gô	à la fraise
suco de abacaxí	soukô dɨ abakachi	jus d'ananas
suco de maracujá	soukô dɨ marakouja	jus de fruit de la passion

Café

Consommé à chaque heure du jour – ou de la nuit – le *cafèzinho* brésilien (un café fort, type espresso) se boit noir avec beaucoup de sucre, ce qui en atténue l'amertume. N'ajoutez jamais de lait ou de crème si le café vous est offert: vos hôtes pourraient penser que vous n'appréciez pas leur manière de vous servir.

Je voudrais un café.	**Queria um cafèzinho.**	kéria õu kafèzignô

Repas légers – Collations

Il vous arrivera de vouloir éviter un gros repas dans un restaurant et de vous rendre, pour un en-cas, dans une *casa de lanche* (Brésil) appelée également snack-bar, tant au Portugal qu'au Brésil.

Comme la plupart des mets sont préparés à l'avance et exposés dans les vitrines, vous n'avez qu'à demander:

Je prends un de ceux-ci, je vous prie.	**Tomo um destes, por favor.**	**to**mou õũ **déch**teuch pour fœ**vôr**
Donnez-moi..., s.v.p.	**Dê-me..., por favor.**	dé meu...pour fœ**vôr**
beurre	**manteiga**	mœ̃**tœ**^{y}gœ
biscuits	**uns biscoitos**	õũch bɨ**chkoï**touch
bonbons	**uns rebuçados [balas]**	õũch reubou**ssa**douch [**ba**lass]
chocolat (plaque)	**(uma barra de) chocolate**	(**ou**mœ **ba**rrœ deu) choukou**la**teu
crevettes (grillées)	**camarões (fritos)**	kœmœ**ro**^{y}**ch** (**fri**touch)
gâteau	**um bolo**	õũ **bô**lou
glace	**um gelado [sorvete]**	õũ jeu**la**dou [sôr**vé**tɨ]
hamburger	**um hamburger**	õũ œ̃**bour**gèr
hot dog	**um cachorro (quente)**	õũ kœ**chô**rrou (**kẽ**teu)
pain	**pão**	pœ̃^{ou}
petit pain	**um pãozinho**	õũ pœ̃^{ou}**zi**gnou
pâté	**um pastel**	õũ pœ**chtèl**
aux crevettes	**pastel de camarãos**	pœ**chtèl** deu kœmœ**rœ̃**^{ou}**ch**
au thon	**uma empada de atum**	**ou**mœ ẽ**pa**dœ deu œ**tõũ**
à la viande	**pastel de carne**	pœ**chtèl** deu **kar**neu
pâtisserie	**uns bolos [doces]**	õũch **bô**louch [**dô**ssɨss]
salade de cœur de palmier	**salada de palmito**	sa**la**da dɨ pal**mi**tô
sandwich	**uma [um] sanduíche**	**ou**mœ [õũ] sœ̃**d**^{ou}**i**cheu
toast	**uma torrada**	**ou**mœ tou**rra**dœ
Combien coûte ceci?	**Quanto custa isto?**	**k**^{ou}**œ̃**tou **kouch**tœ **ich**tou

Excursions

En avion

Nous serons brefs, car dans n'importe quel aéroport, vous trouverez certainement quelqu'un qui parle français.

Y a-t-il un vol pour Madère?	**Há um voo para a Madeira?**	a õu **vôou pœrœ** œ mœ**dœ^{y}**rœ
Le vol est-il direct?	**É voo directo?**	è **vôou** di**rè**tou
A quelle heure part le prochain avion pour Faro?	**A que horas parte o próximo avião para Faro?**	œ keu **o**rœch **par**teu ou **pro**ssimou œvy**œ̃^{ou}** **pœrœ fa**rou
Dois-je changer d'avion?	**Tenho de mudar de avião?**	**tœ^{y}**gnou deu mou**dar** deu œvy**œ̃^{ou}**
Puis-je avoir une correspondance pour Porto?	**Tenho ligação [connexão] para o Porto?**	**tœ^{y}**gnou ligœ**ssœ̃^{ou}** [konèk**sœ̃^{ou}**] **pœ**rœ ou **pôr**tou
Je voudrais un billet pour Lisbonne.	**Quero um bilhete [uma passagem] para Lisboa.**	**kè**rou õu bi**lyé**teu [**ou**ma pa**ssa**jœ̃^{y}] **pœ**rœ lij**bô**œ
simple aller et retour	**ida** **ida e volta**	**i**dœ **i**dœ i **vol**tœ
A quelle heure l'avion décolle-t-il?	**A que horas parte o avião?**	œ keu **o**rœch **par**teu ou œvy**œ̃^{ou}**
A quelle heure faut-il me présenter à l'enregistrement?	**A que horas devo apresentar-me?**	œ keu **o**rœch **dé**vou œpreuzē**tar** meu
Quel est le numéro du vol?	**Qual é o número do voo?**	k^{ou}al è ou **nou**meurou dou vôou
A quelle heure arrivons-nous?	**A que horas chegamos?**	œ keu **o**rœch cheu**gœ**mouch

CHEGADA
ARRIVÉE

PARTIDA
DÉPART

Train

Le réseau ferroviaire portugais est bien pourvu et, sur les grandes lignes, les trains sont généralement ponctuels. On y trouve des première et seconde classes. Une réservation préalable, par l'intermédiaire d'une agence de voyages, est recommandée.

Types de trains

automotora (a^{ou}tomou**tô**rœ)	train diesel à deux wagons seulement; réservation recommandée
correio (kou**rrœ**^{y}ou)	train postal longue distance; il circule deux fois par jour (le matin et le soir); prend également des passagers
internacional (ĩteurnœssyou**nal**)	train direct; pour un voyage à l'étranger, vous devrez réserver votre place à l'avance, car un seul wagon franchit la frontière
Lusitânia-Express (louzi**tœ**nyœ œ^{y}**chprèss**)	train express de luxe; il relie Lisbonne à Madrid; réservation anticipée recommandée
rápido (**ra**pidou)	train direct
Sud-Express (soud œ^{y}**chprèss**)	express de luxe (pourvu de premières seulement); vous emmènera de Lisbonne à Paris en 24 heures
TER (tèr)	express diesel avec air conditionné; on doit y payer un supplément; relie Lisbonne à Madrid

Bus longue distance

Si vous avez l'intention de parcourir de longues distances au Brésil, nous vous conseillons d'emprunter les *ônibus-leito,* bus de luxe avec couchettes. Les prix sont plus élevés qu'à bord des bus ordinaires. Vous devrez réserver votre place à l'avance.

Remarque: La plupart des phrases contenues dans les pages suivantes peuvent être adaptées à des voyages ou excursions en bus.

A la gare

Où est la gare de chemin de fer?	**Onde é a estação dos caminhos de ferro [estação ferroviária]?**	õdeu è œ ɨchtœ**ssœ̃**^{ou} douch kœ**mi**gnouch deu **fè**rrou [ɨsta**ssœ̃**^{ou} fèrrô**vya**rya]
Taxi, s.v.p.!	**Táxi, por favor.**	**ta**ksi pour fœ**vôr**
Conduisez-moi à la gare.	**Conduza-me à estação dos caminhos de ferro [estação ferroviária].**	kõ**dou**zœ meu a ɨchtœ**ssœ̃**^{ou} douch kœ**mi**gnouch deu **fè**rrou [ɨsta**ssœ̃**^{ou} fèrrô**vya**rya]
Quel est le prix du billet?	**Quanto custa o bilhete [a passagem]?**	**k**^{ou}**œ̃**tou **kouch**tœ ou bɨ**lyé**teu [a pa**ssa**jœ̃^{y}]

ENTRADA	ENTRÉE
SAÍDA	SORTIE
ACESSO AOS CAIS	ACCÈS AUX QUAIS

Où est...?

Où est/sont...?	**Onde é/são...?**	õdeu è/sœ̃^{ou}
bureau de change	**a agência de câmbio**	œ œ**jẽ**ssyœ deu **kœ̃**byou
bureau des objets trouvés	**o depósito dos objectos perdidos**	ou deu**po**zitou douch ô**bjè**touch peur**di**douch
bureau des réservations	**a secção de reservas**	œ sè**ksœ̃**^{ou} deu reu**zèr**vœch
consigne	**o depósito da bagagem**	ou deu**po**zitou dœ bœ**ga**jœ̃^{y}
automatique	**os cacifos [o depósito] da bagagem**	ouch kœ**ssi**fouch [ô dé**po**zito] dœ bœ**ga**jœ̃^{y}
guichet	**a bilheteira**	œ bɨlyeu**tœ**^{y}rœ
informations	**as informações**	œch ĩfourmœ**ssõ**^{y}**ch**
kiosque à journaux	**o quiosque [a banca] de jornais**	ou **kyoch**keu [a **bœ̃**ka] deu jour**naïch**
quai 7	**o cais 7**	ou kaïch 7
restaurant	**o restaurante**	ou rɨchta^{ou}**rœ̃**teu
salle d'attente	**a sala de espera**	œ **sa**lœ deu ɨch**pè**rœ

POUR LES TAXIS, voir page 27

Renseignements

A quelle heure part le... train pour Sagres?	**A que horas parte o... comboio* para Sagres?**	œ keu **o**rœch **par**teu ou...kõ**bo**^{y}ou **pœ**rœ **sa**greuch
premier/dernier/prochain	**primeiro/último/próximo**	pri**mœ**^{y}rou/**oul**timou/**pro**ssimou
Quand part le train pour Braga?	**Quando parte o comboio* para Braga?**	**k**^{ou}**œ̃**dou **par**teu ou kõ**bo**^{y}ou **pœ**rœ **bra**gœ
Combien coûte le billet pour Faro?	**Quanto custa a passagem para Faro?**	**k**^{ou}**œ̃**tou **kouch**tœ œ pœ**ssa**jœ^{y} **pœ**rœ **fa**rou
Est-ce un train direct?	**É um comboio* directo?**	è õũ kõ**bo**^{y}ou di**rè**tou
Le train part-il à l'heure?	**O comboio* parte a horas [na hora]?**	ou kõ**bo**^{y}ou **par**teu œ **o**rœch [na **o**ra]
A quelle heure le train arrive-t-il à Lisbonne?	**A que horas chega o comboio* a Lisboa?**	œ keu **o**rœch **ché**gœ ou kõ**bo**^{y}ou œ lij**bô**œ
Y a-t-il un wagon-restaurant?	**O comboio* leva vagão-restaurante?**	ou kõ**bo**^{y}ou **lè**vœ vœ**gœ̃**^{ou} ṙichta^{ou}**rœ̃**teu
Y a-t-il un wagon-lit?	**O comboio* tem carruagem-cama [vagão-leito]?**	ou kõ**bo**^{y}ou tœ̃^{y} kœ**rr**^{ou}ajœ̃^{y} **kœ**mœ [va**gœ̃**^{ou} **lœ**^{y}tô]
Le train s'arrête-t-il à Coimbra?	**O comboio* pára em Coimbra?**	ou kõ**bo**^{y}ou **pa**rœ œ̃^{y} **k**^{ou}ĩbrœ
De quel quai part le train pour Óbidos?	**De que cais parte o comboio* para Óbidos?**	deu keu kaïch **par**teu ou kõ**bo**^{y}ou **pœ**rœ **o**bidouch
A quel quai arrive le train de...?	**A que cais chega o comboio* de...?**	œ keu kaïch **ché**gœ ou kõ**bo**^{y}ou deu
Je voudrais acheter un horaire.	**Queria comprar um horário.**	keu**ri**œ kõ**prar** õũ **ô**raryou

* Au Brésil: **trem** (trœ̃^{y}).

É um comboio [trem] directo.	C'est un train direct.
Tem de mudar em...	Il faut changer à...
Mude em... e apanhe [pegue] um comboio [trem] local.	Changez à... et prenez un omnibus.
O cais... fica...	Le quai... est...
além/em cima **à esquerda/à direita**	là-bas/en haut des escaliers à gauche/à droite
Há um comboio [trem] para... às...	Il y a un train pour... à...
O seu comboio [trem] parte do cais...	Votre train part du quai...
O comboio [trem] tem um atraso de... minutos.	Le train est annoncé avec un retard de... minutes.

Billets

Je voudrais un billet pour Faro.	**Queria um bilhete [uma passagem] para Faro.**	keur**i**œ õu bɨ**lyé**teu [**ou**ma pa**ssa**jœ̃^{y}] **p**œrœ **fa**rou
simple	**ida**	**i**dœ
aller et retour	**ida e volta**	**i**dœ i **vol**tœ
première classe	**primeira classe**	pri**m**œ^{y}rœ **kla**sseu
seconde classe	**segunda classe**	seu**gõu**dœ **kla**sseu
N'est-ce pas demi-tarif pour l'enfant?	**A criança não paga meio-bilhete?**	œ **kryœ̃**ssœ nœ̃^{ou} **pa**gœ **m**œ^{y}ou bɨ**lyé**teu

Primeira ou segunda classe?	Première ou seconde classe?
Ida ou ida e volta?	Simple course ou aller et retour?
Quantos anos tem ele/ela?	Quel âge a-t-il/elle?*

* Au Portugal, les enfants voyagent gratuitement jusqu'à l'âge de 4 ans. Entre 4 et 12 ans, ils paient demi-tarif. Au Brésil, les enfants paient demi-tarif jusqu'à 12 ans.

Est-ce bien le quai du train pour Faro?	**É este o cais do comboio* para Faro?**	è **éch**teu ou kaïch dou kõ**bo**^{y}ou **pœ**rœ **fa**rou
Est-ce bien le train pour Madrid?	**É este o comboio* para Madrid?**	è **éch**teu ou kõ**bo**^{y}ou **pœ**rœ mœ**drid**
Pardon. Puis-je passer?	**Com licença. Posso passar?**	kõ li**ssẽ**ssœ. **po**ssou pœ**ssar**
Cette place est-elle occupée?	**Este lugar está ocupado?**	**éch**teu lou**gar** ɨch**ta** ôkou**pa**dou

PROIBIDO FUMAR
DÉFENSE DE FUMER

C'est ma place, je crois.	**Creio que esse é o meu lugar.**	**krœ**^{y}ou keu **é**sseu è ou **mé**ou lou**gar**
Pouvez-vous me faire signe lorsque nous arriverons à Coimbra?	**Pode avisar-me quando chegarmos [chegaremos] a Coimbra?**	**po**deu œvi**zar** meu **k**^{ou}**œ̃**dou cheu**gar**mouch [chéga**ré**môss] œ **k**^{ou}**ĩ**brœ
Quelle est cette gare?	**Que estação é esta?**	keu ɨchtœ**ssœ̃**^{ou} è **èch**tœ
Combien de temps le train s'arrête-t-il ici?	**Quanto tempo pára o comboio* aqui?**	**k**^{ou}**œ̃**tou **tẽ**pou **pa**rœ ou kõ**bo**^{y}ou œ**ki**
A quelle heure arriverons-nous à Lisbonne?	**Quando chegamos a Lisboa?**	**k**^{ou}**œ̃**dou cheu**gœ**mouch œ lij**bô**œ

Pendant le trajet, le contrôleur (*o revisor [cobrador]* – ou reuvi**zôr** [kôbra**dôr**]) passera et dira:

Les billets, s.v.p.!	**Bilhetes [Passagens], por favor!**	bɨ**lyé**teuch [pa**ssa**jœ̃^{y}ss] pour fœ**vôr**

Repas

Quelques trains portugais sont pourvus d'un wagon-restaurant dans lequel vous pourrez prendre un repas complet. Si le train est plein, il peut y avoir deux services. Le vin de

* Au Brésil: **trem** (trœ̃^{y})

table est compris dans le montant du menu; le vin de qualité supérieure est facturé à part.

Où est le wagon-restaurant?	**Onde está o vagão-restaurante?**	õdeu **ichta** ou vœgœ̃ou ichtaourœ̃teu
Premier/Second service, s.v.p.	**Primeiro/Segundo serviço, por favor.**	prim**œ**yrou/seug**õu**dou seurv**i**ssou pour fœ**vôr**

En wagon-lit

Y a-t-il des compartiments libres dans le wagon-lit?	**Há compartimentos vazios no vagão-cama [vagão-leito]?**	a kõpœrti**mẽ**touch vœ**zi**ouch nou vœ**gœ̃ou** **kœ**mœ [va**gœ̃ou** **lœy**tô]
Où est le wagon-lit?	**Onde está o vagão-cama [vagão-leito]?**	õdeu **ichta** ou vœ**gœ̃ou** **kœ**mœ [va**gœ̃ou** **lœy**tô]
Où est ma couchette?	**Onde é a minha cama?**	õdeu è œ **mi**gnœ **kœ**mœ
Les compartiments 18 et 19, je vous prie.	**Compartimentos 18 e 19, por favor.**	kõpœrti**mẽ**touch 18 i 19 pour fœ**vôr**
Je voudrais une couchette plus bas.	**Queria uma cama mais abaixo.**	keu**ri**œ **ou**mœ **kœ**mœ maïch œ**baï**chou
Pourriez-vous préparer nos couchettes?	**Pode preparar as nossas camas?**	**po**deu preupœ**rar** œch **no**ssœch **kœ**mœch
Pourriez-vous me réveiller à 7 h.?	**Pode acordar-me às 7 horas?**	**po**deu œkour**dar** meu ach 7 **o**rœch
Pourriez-vous m'apporter du café demain matin?	**Pode trazer-me café, amanhã de manhã?**	**po**deu trœ**zér** meu kœ**fè** amœ**gnœ̃** deu mœ**gnœ̃**

Bagages et porteurs

Porteur!	**Bagageiro [Carregador]!**	bœgœ**jœy**rou [karréga**dôr**]
Pouvez-vous m'aider?	**Pode ajudar-me?**	**po**deu œjou**dar** meu
Posez-les ici, je vous prie.	**Deixe-as aqui, por favor.**	**dœy**chi œch œ**ki** pour fœ**vôr**
Puis-je enregistrer ces bagages?	**Posso despachar estas malas?**	**po**ssou deuchpœ**char** **èch**tœch **ma**lœch

POUR LE PORTEUR, voir aussi page 24

Objets trouvés

Espérons que pendant votre voyage, vous n'aurez pas besoin des phrases que voici, mais sait-on jamais ...

Où est le bureau des objets trouvés?	**Onde é o depósito dos objectos perdidos?**	õdeu è ou deu**po**zitou douch ô**bjè**touch peur**di**douch
J'ai perdu mon/ma...	**Perdi o meu/a minha...**	peur**di** ou **mé**ou/œ **mi**gnœ
ce matin	**hoje de manhã**	**ô**jeu deu mœ**gnœ̃**
hier	**ontem**	**o**tœ̃y
Je l'ai perdu dans...	**Perdi-o/a em...**	peur**di** ou/œ œ̃y
C'est un objet de valeur.	**Tem muito valor.**	tœ̃y **mõu**ytou vœ**lôr**

Métro

Le *Metropolitano* de Lisbonne a deux lignes principales qui se rejoignent à la Place Pombal. Quelle que soit la distance que vous effectuiez, le tarif est unique. Un parcours très populaire est celui qui relie l'Avenida da Liberdade à l'arène de Campo Pequeno, dans la périphérie de Lisbonne.

Le métro fonctionne de 6 h. 10 à 1 h. du matin.

Un réseau de métro est en construction dans les villes brésiliennes de São Paulo et Rio.

Où est la station de métro la plus proche?	**Onde fica a estação do metropolitano [metrô] mais próxima?**	õdeu **fi**kœ œ ɨchtœ**ssœ̃**ou dou meutroupou**li**tœnou [mè**trô**] maïch **pro**ssimœ
Ce métro va-t-il à...?	**Este comboio [trem] vai a...?**	**éch**teu kõ**bo**you [trœ̃y] vaï œ
Où dois-je changer pour...?	**Onde devo mudar para...?**	õdeu **dé**vou mou**dar** pœrœ
Est-ce que le prochain arrêt est bien...?	**A próxima estação é...?**	œ **pro**ssimœ ɨchtœ**ssœ̃**ou è

Bus

Dans la plupart des bus, vous devrez payer à l'entrée. Nous vous conseillons, si vous circulez dans une grande ville, de vous procurer des billets à l'avance.

Je voudrais un abonnement/un carnet de billets, s.v.p.	**Queria um passe/ um abono, por favor.**	keuriœ õũ **pas**seu/ õũ œ**bô**nou pour fœ**vôr**
Où puis-je prendre un bus pour la plage?	**Onde posso apanhar um autocarro* para a praia?**	õdeu **pos**sou œpœ**gnar** õũ a^{ou}to**kar**rou **pœ**rœ œ **praï**œ
Quel bus dois-je prendre pour l'Université?	**Que autocarro* apanho para a Universidade?**	keu a^{ou}to**kar**rou œ**pœ**gnou **pœ**rœ œ ouniveursi**da**deu
Où est...?	**Onde fica...?**	**õ**deu **fi**kœ
l'arrêt du bus	**a paragem dos autocarros [a parada de ônibus]**	œ pœ**ra**jœ̃^{y} douch a^{ou}to**kar**rouch [a parada dɨ **ô**nibouss]
le terminus	**o término [ponto final]**	ou **tèr**minou [**põ**tô final]
Quand part le... bus pour Belém?	**A que horas parte o... autocarro* para Belém?**	œ keu **o**rœch **par**teu ou...a^{ou}to**kar**rou **pœ**rœ beu**lœ̃**^{y}
premier/dernier/ prochain	**primeiro/último/ próximo**	pri**mœ**^{y}rou/**oul**timou/ **pros**simou
Quelle est la fréquence des bus pour le centre de la ville?	**De quantos em quantos minutos é o autocarro* para a Baixa?**	deu **k^{ou}œ̃**touch œ̃^{y} **k^{ou}œ̃**touch mi**nou**touch è ou a^{ou}to**kar**rou **pœ**rœ œ **baï**chœ
Combien coûte le billet pour...?	**Quanto custa o bilhete [a passagem] para...?**	**k^{ou}œ̃**tou **kouch**tœ ou bɨ**lyé**teu [a pas**sa**jœ̃^{y}] **pœ**rœ
Faut-il changer de bus?	**Devo mudar de autocarro*?**	**dé**vou mou**dar** deu a^{ou}to**kar**rou
Pouvez-vous me dire quand je dois descendre?	**Pode dizer-me quando devo descer?**	**po**deu di**zér** meu **k^{ou}œ̃**dou **dé**vou deuch**sér**

* Au Brésil: **ônibus** (**ô**nibouss).

Je veux descendre à la Cathédrale.	**Quero descer na Sé.**	kèrou deu**chsér** nœ sè
Je veux descendre au prochain arrêt, je vous prie.	**Por favor, quero descer na próxima paragem [parada].**	pour fœ**vôr kè**rou deu**chsér** nœ **pro**ssimœ pœra**jœ̃**^{y} [pa**ra**da]

PARAGEM [PARADA] OBRIGATÓRIA	ARRÊT DU BUS
PARAGEM [PARADA] FACULTATIVA	ARRÊT FACULTATIF

Bateaux et autres modes de transports

Un service de bacs relie la rive gauche du Tage à sa rive droite. Vous pouvez faire la traversée comme simple passager ou prendre votre voiture à bord, pour rejoindre Cacilhas, Barreiro ou Trafaria. Ce genre de transbordement est très populaire, tout en étant meilleur marché que le passage de l'impressionnant Pont du Vingt-Cinq Avril.

aéroglisseur	**o aerodeslizador**	ou œèrodeuchlizœ**dôr**
auto-stop	**à boleia [de carona]**	a bou**lœ**^{y}œ [dɨ ka**rô**na]
bateau	**o barco**	ou **bar**kou
à moteur	**a motor**	œ mou**tôr**
à rames	**a remos**	œ **rè**mouch
à voile	**à vela**	a **vè**lœ
bicyclette	**a bicicleta**	œ bɨssi**klè**tœ
funiculaire	**o elevador**	ou ɨleuvœ**dôr**
hélicoptère	**o helicóptero**	ou ɨli**kop**teurou
motocyclette	**a motocicleta/ a moto**	œ motossi**klè**tœ/ œ **mo**to
péniche	**o batelão**	ou bœteu**lœ̃**^{ou}
vélomoteur	**a bicicleta a motor**	œ bɨssi**klè**tœ œ mou**tôr**

et si vous êtes en panne, allez ...

à pied	**a pé**	œ **pè**

Visites touristiques

Dans ce chapitre, nous traiterons des visites touristiques plutôt que des lieux de divertissement et, pour l'instant, de la ville plutôt que de la campagne. Vous voulez un guide, alors demandez:

Pouvez-vous me recommander un bon guide (livre) pour...?	**Pode aconselhar-me um bom guia de...?**	**po**deu œkõsseul**yar** meu oũ bõ **ghi**œ deu
Y a-t-il ici un office du tourisme?	**Há um serviço de turismo por aqui?**	a oũ seur**vi**ssou deu tou**rij**mou pour œ**ki**
Où est l'office du tourisme?	**Onde fica o serviço de turismo?**	õdeu **fi**kœ ou seur**vi**ssou deu tou**rij**mou
Qu'y a-t-il de plus intéressant à voir?	**O que há de mais interessante a visitar?**	ou keu a deu maïch ĩteureu**ssœ̃**teu œ vɨzi**tar**
Nous sommes ici pour...	**Estamos aqui...**	ɨch**tœ**mouch œ**ki**
quelques heures seulement	**só por algumas horas**	so pour al**gou**mœch **o**rœch
une journée	**um dia**	oũ **di**œ
trois jours	**três dias**	tréch **di**œch
une semaine	**uma semana**	**ou**mœ seu**mœ**nœ
Pouvez-vous me recommander un tour de ville?	**Pode aconselhar-me um circuito turístico?**	**po**deu œkõsseul**yar** meu oũ sir**kou**^{y}tou tou**rich**tikou
D'où part le bus?	**Donde parte o autocarro [ônibus]?**	**dõ**deu **par**teu ou a^{ou}to**ka**rrou [ônibouss]
Vient-il nous prendre à l'hôtel?	**Vem buscar-nos ao hotel?**	vœ̃^{y} bouch**kar** nouch a^{ou} o**tèl**
Combien coûte le tour?	**Qual é o preço do circuito?**	k^{ou}al è ou **pré**ssou dou sir**kou**^{y}tou
A quelle heure commence le tour?	**A que horas começa o circuito?**	œ keu **o**rœch kou**mè**ssœ ou sir**kou**^{y}tou
Quel bus/tram devons-nous prendre?	**Que autocarro [ônibus]/eléctrico [bonde] devemos apanhar?**	keu a^{ou}to**ka**rrou [ônibouss] /ɨ**lè**trikou [**bõ**dɨ] deu**vé**mouch œpœ**gnar**

POUR LES HEURES, voir page 178

Nous voudrions louer une voiture pour la journée.	**Queríamos alugar um carro por um dia.**	keuriœmouch œlou**gar** õu **ka**rrou pour õu **di**œ
Y a-t-il un guide qui parle français?	**Há aqui um guia que fale francês?**	a œ**ki** õu **ghi**œ keu **fa**leu frœ**sséch**
Où est/sont...?	**Onde é/são...?**	**õ**deu è/sœ̃ᵒᵘ
abbaye	**a abadia**	œ œbœ**di**œ
aquarium	**o aquário**	ou œ**kᵒᵘa**ryou
cathédrale	**a catedral/a Sé**	œ kœteu**dral**/œ sè
centre des affaires	**o centro de negócios**	ou **sẽ**trou deu neu**go**ssyouch
centre commercial	**a Baixa [o centro comercial]**	œ **baï**chœ [ô **sẽ**trô kômér**syal**]
centre de la ville	**o centro da cidade**	ou **sẽ**trou dœ si**da**deu
château	**o castelo**	ou kœch**tè**lou
cimetière	**o cemitério**	ou seumi**tè**ryou
citadelle	**a cidadela**	œ sidœ**dè**lœ
couvent	**o convento**	ou kõ**vẽ**tou
docks	**as docas**	œch **do**kœch
église	**a igreja**	œ i**grœʸ**jœ
exposition	**a exposição**	œ œʸchpouzi**ssœ̃ᵒᵘ**
fabrique	**a fábrica**	œ **fa**brikœ
fontaine	**a fonte**	œ **fõ**teu
forteresse	**a fortaleza**	œ fourtœ**lé**zœ
jardins	**os jardins**	ouch jœr**dĩch**
jardin botanique	**o jardim botânico**	ou jœr**dĩ** bou**tœ**nikou
lac	**o lago**	ou **la**gou
marché	**o mercado**	ou meur**ka**dou
monastère	**o mosteiro**	ou mouch**tœʸ**rou
monument	**o monumento**	o mounou**mẽ**tou
moulin à vent	**o moinho de vento**	ou **mᵒᵘ**ignou deu **vẽ**tou
murailles de la ville	**as muralhas da cidade**	œch mou**ra**lyœch dœ si**da**deu
musée	**o museu**	ou mou**zéᵒᵘ**
des beaux-arts	**das belas artes**	dœch **bè**lœch **ar**teuch
opéra	**o teatro da ópera**	ou **tya**trou dœ **o**peurœ
palais	**o palácio**	ou pœ**la**ssyou
des congrès	**dos congressos**	douch kõ**grè**ssouch
de justice	**de justiça**	deu jou**chti**ssœ
présidentiel	**presidencial**	preuzidẽ**ssyal**
parc	**o parque**	ou **par**keu
parlement	**o Parlamento**	ou pœrlœ**mẽ**tou
port	**o porto**	ou **pôr**tou
quartier des artistes	**o bairro dos artistas**	ou **baï**rrou douch œr**ticht**œch

rivière	**o rio**	ou **ri**ou
ruines	**as ruínas**	œch **r^{ou}i**nœch
salle de concerts	**a sala de concertos**	œ **sa**lœ deu kõs**sér**touch
stade	**o estádio**	ou ɨch**ta**dyou
statue	**a estátua**	œ ɨch**ta**t^{ou}œ
tombe	**o túmulo**	ou **tou**moulou
tour	**a torre**	œ **tô**rreu
université	**a universidade**	œ ouniveursi**da**deu
vieille ville	**a cidade antiga**	œ si**da**deu œ̃**ti**gœ
zoo	**o jardim zoológico**	ou jœr**dĩ** zou**lo**jikou

Entrée

Est-ce que... est ouvert le dimanche?	**... está aberto aos domingos?**	ɨch**ta** œ**bèr**tou a^{ou}ch dou**mĩ**gouch
Quelle est l'heure d'ouverture/fermeture?	**Quando abre/ fecha?**	**k^{ou}œ̃**dou **a**breu/ **fœ^{y}**chœ
Combien coûte l'entrée?	**Quanto custa o bilhete de entrada [a entrada]?**	**k^{ou}œ̃**tou **kouch**tœ ou bɨ**lyé**teu deu ẽ**tra**dœ [a ẽ**tra**da]
Y a-t-il une réduction pour les étudiants/ enfants?	**Fazem descontos a estudantes/ crianças?**	**fa**zœ̃^{y} deuch**kõ**touch œ ɨchtou**dœ̃**teuch/ **kryœ̃**ssœch
Avez-vous un guide (brochure) en français?	**Tem um guia em francês?**	tœ̃^{y} õu **ghi**œ œ̃^{y} frœ̃**ssêch**
Puis-je acheter un catalogue?	**Posso comprar um catálogo?**	**po**ssou kõ**prar** õu kœ**ta**lougou
Est-ce qu'on peut photographier?	**É permitido tirar fotografias?**	è peurmi**ti**dou ti**rar** foutougrœ**fi**œch

ENTRADA LIVRE	ENTRÉE LIBRE
PROIBIDO TIRAR FOTOGRAFIAS	APPAREILS DE PHOTO INTERDITS

Qui – Quoi – Quand?

Quel est ce bâtiment?	**O que é aquele edifício?**	ou keu è œkéleu ɨdɨfissyou
Qui (en) est...?	**Quem foi o...?**	kœ̃^{y} foï ou
architecte	**arquitecto**	œrkitètou
artiste	**artista**	œrtichtœ
peintre	**pintor**	pĩtôr
sculpteur	**escultor**	ɨchkoultôr
Qui a peint ce tableau?	**Quem pintou aquele quadro?**	kœ̃^{y} pĩtô œkéleu k^{ou}adrou
Quand a-t-il vécu?	**Em que época viveu?**	œ̃^{y} keu époukœ vivé^{ou}
Quand fut-il bâti?	**Quando foi construído?**	k^{ou}œ̃dou foï kõchtr^{ou}idou
Où est la maison dans laquelle... a vécu?	**Onde fica a casa em que viveu...?**	õdeu fikœ œ kazœ œ̃^{y} keu vivé^{ou}
Nous nous intéressons à...	**Estamos interessados em...**	ɨchtœmouch ĩteureussadouch œ̃^{y}
antiquités	**antiguidades**	œ̃tig^{ou}idadeuch
archéologie	**arqueologia**	œrkyouloujiœ
art	**arte**	arteu
art populaire	**arte popular**	arteu poupoular
artisanat	**artesanato**	œrteuzœnatou
beaux-arts	**belas artes**	bèlœch arteuch
botanique	**botânica**	boutœnikœ
céramique	**cerâmica**	seurœmikœ
géologie	**geologia**	jyouloujiœ
histoire	**história**	ɨchtoryœ
histoire naturelle	**ciências naturais**	syẽssyœch nœtouraïch
médecine	**medicina**	meudɨssinœ
mobilier	**mobiliário [mobília]**	moubilyaryou [môbilya]
musique	**música**	mouzikœ
numismatique	**numismática**	noumichmatikœ
ornithologie	**ornitologia**	ornitouloujiœ
peinture	**pintura**	pĩtourœ
poterie	**olaria**	olœriœ
préhistoire	**pré-história**	prè ɨchtoryœ
sculpture	**escultura**	ɨchkoultourœ
zoologie	**zoologia**	zouloujiœ
Où est la section...?	**Onde fica o departamento de...?**	õdeu fikœ ou deupœrtœmẽtou deu

Voici l'adjectif que vous cherchiez...

C'est...	É...	è
affreux	**horroroso**	ôrrou**rô**zou
beau	**lindo**	**lĩ**dou
effrayant	**tremendo**	treu**mẽ**dou
étrange	**estranho**	ɨ**chtrœ**gnou
fantastique	**fantástico**	fœ̃**tach**tikou
grandiose	**grandioso**	grœ̃**dyô**zou
intéressant	**interessante**	ĩteureu**ssœ̃**teu
laid	**feio**	**fœ**ʸou
lugubre	**lúgubre**	**lou**goubreu
magnifique	**magnífico**	mœ**ghni**fikou
monumental	**monumental**	mounoumẽ**tal**
stupéfiant	**espantoso**	ɨchpœ̃**tô**zou
superbe	**estupendo**	ɨchtou**pẽ**dou
terrible	**terrível**	teu**rri**vèl
terrifiant	**pavoroso**	pœvou**rô**zou

Services religieux

Le Portugal, pays éminemment catholique, est riche en cathédrales et églises dignes d'une visite. Fátima – qui est certainement le centre de pèlerinage le plus célèbre de la péninsule Ibérique – est à environ 130 km de Lisbonne.

Y a-t-il ici un/une...?	**Há uma... aqui perto?**	a **ou**mœ...œ**ki pèr**tou
église catholique/ protestante	**igreja católica/ protestante**	i**grœ**ʸjœ kœ**to**likœ/ prouteuch**tœ̃**teu
mosquée	**mesquita**	meuch**ki**tœ
synagogue	**sinagoga**	sinœ**go**gœ
A quelle heure est célébré(e)...?	**A que horas é...?**	œ keu **o**rœch è
messe/service religieux	**a missa/o ofício [serviço religioso]**	œ **mi**ssœ/ou ô**fi**ssyou [sérvissô réli**jyô**zô]
Où puis-je trouver un... qui parle français?	**Onde posso encontrar um... que fale francês?**	**õ**deu **po**ssou ẽkõ**trar** õu... keu **fa**leu frœ̃**ssé**ch
pasteur	**pastor**	pœch**tôr**
prêtre	**sacerdote**	sœsseur**do**teu
rabbin	**rabino**	rœ**bi**nou

VISITES TOURISTIQUES

Distractions

Cinéma – Théâtre

Au Portugal et au Brésil, les films sont généralement projetés dans leur version originale sous-titrée. Les séances ont lieu à heure fixe. La première commence vers 15 h. et la dernière à 21 h. 30. Au Brésil, la projection est permanente et débute vers 14 h.

Les théâtres portugais offrent, le dimanche, une matinée ou deux représentations en soirée. Les revues musicales (*revistas* – reu**vich**tœch) sont très populaires.

On trouve les programmes dans les journaux et sur les panneaux d'affichage. Dans la plupart des grandes villes, il existe une publication intitulée «Cette semaine à ...».

Avez-vous un exemplaire de «Cette semaine à...»?	**Tem um número de «Esta semana em...»?**	tœ̃y õu **nou**meureu deu «**èch**tœ seu**mœ**nœ œ̃y»
Quels films y a-t-il au cinéma ce soir?	**O que vai [passa] no cinema hoje à noite?**	ou keu vaï [**pa**ssa] nou si**né**mœ **ô**jeu a **noï**teu
Que joue-t-on au théâtre...?	**O que vai [passa] no Teatro?**	ou keu vaï [**pa**ssa] nou **tya**trou
De quel genre de pièce s'agit-il?	**Que género de peça é?**	keu **jè**neurou deu **pè**ssœ è
Qui en est l'auteur?	**Quem é o autor?**	kœ̃y è ou aou**tôr**
Pouvez-vous me recommander...?	**Pode aconselhar-me...?**	**po**deu œkõsseu**lyar** meu
un bon film	**um bom filme**	õu bõ **fil**meu
une comédie	**uma comédia**	**ou**mœ kou**mè**dyœ
quelque chose de divertissant	**algo de divertido**	**al**gou deu diveur**ti**dou
une comédie musicale	**uma comédia musical**	**ou**mœ kou**mè**dyœ mouzi**kal**
un film policier	**um filme policial**	õu **fil**meu pouli**ssyal**
une revue	**uma revista**	**ou**mœ reu**vich**tœ
un western	**um filme de cow-boys**	õu **fil**meu deu kaou boych

A quel théâtre joue-t-on la nouvelle pièce de...?	**Em que teatro está [passa] a nova peça de...?**	œ̃y keu **tya**trou ɨ**chta** [pa**ssa**] œ **no**vœ **pè**ssœ deu
A quel cinéma donne-t-on le nouveau film de...?	**Onde vai [passa] o novo filme de...?**	**õ**deu vaï [pa**ssa**] ou **nô**vou **fil**meu deu
Qui y joue?	**Quem são os actores?**	kœ̃y sœ̃ou ouch a**tô**reuch
Qui est le metteur en scène?	**Quem é o realizador?**	kœ̃y è ou ryœlizœ**dôr**
A quelle heure commence le spectacle?	**A que horas começa o espectáculo?**	œ keu **o**rœch kou**mè**ssœ ou ɨchpè**ta**koulou
A quelle heure commence la première représentation du soir?	**A que horas começa a primeira sessão da noite?**	œ keu **o**rœch kou**mè**ssœ œ pri**mœy**rœ seu**ssœ̃ou** dœ **noï**teu
Y a-t-il encore des billets pour ce soir?	**Ainda há bilhetes [entradas] para hoje à noite?**	œ**ĩ**dœ a bɨ**lyé**teuch [ẽ**tra**dass] **pœ**rœ **ô**jeu a **noï**teu
Combien coûte le billet?	**Quanto custa cada bilhete?**	**kou**œ̃tou **kouch**tœ **kœ**dœ bɨ**lyé**teu
Je désire réserver 2 places pour la représentation de vendredi soir	**Querio reservar 2 bilhetes [entradas] para o espectáculo de sexta-feira à noite.**	**kè**rou reuzeur**var** 2 bɨ**lyé**teuch [ẽ**tra**dass] **pœ**rœ ou ɨchpè**ta**koulou deu **sœy**chtœ **fœy**rœ a **noï**teu
Je voudrais un billet pour la matinée de mardi.	**Queria um bilhete* para a matiné de terça-feira.**	keu**ri**œ ũ bɨ**lyé**teu **pœ**rœ œ mati**nè** deu **tér**sœ **fœy**rœ
Je voudrais un fauteuil d'orchestre.	**Queria um bilhete* de plateia.**	keu**ri**œ ũ bɨ**lyé**teu deu plœ**tœy**œ
Pas trop en arrière.	**Não muito atrás.**	nœ̃ou **mũy**tou œ**trach**
Quelque part au milieu.	**Ao meio.**	aou **mœy**ou
Combien coûtent les places au balcon?	**Quanto custam os bilhetes [as entradas] de balcão?**	**kou**œ̃tou **kouch**tœ̃ou ouch bɨ**lyé**teuch [ass ẽ**tra**dass] deu bal**kœ̃ou**

* Au Brésil: **entrada** (ẽtrada).

Puis-je avoir un programme, s.v.p.?	**Pode dar-me um programa, por favor?**	**po**deu dar meu õu prou**gr**œmœ pour fœ**vôr**
Puis-je déposer ce manteau au vestiaire?	**Pode guardar-me este casaco?**	**po**deu g^{ou}œr**dar** meu **éch**teu kœ**za**kou

Lamento, está esgotado.	Je regrette, tout est vendu.
Temos apenas alguns lugares na plateia/no balcão.	Il reste seulement quelques places à l'orchestre/au balcon.
Só há lugares em pé.	Il ne reste que des places debout.
O bilhete, por favor.	Veuillez me montrer votre billet, s.v.p.
Este/Aquele é o seu lugar.	Voici votre fauteuil.

Opéra – Ballet – Concert

Un festival international de musique et de ballets a lieu chaque année en mai et juin au Centre Gulbenkian des Arts et de la Culture à Lisbonne.

Où est l'opéra?	**Onde fica o teatro da ópera?**	**õ**deu **fi**kœ ou **tya**trou dœ **o**peurœ
Où est la salle de concert?	**Onde fica a sala de concertos?**	**õ**deu **fi**kœ œ **sa**lœ deu kõ**ssér**touch
Que donne-t-on à l'opéra ce soir?	**Que ópera se representa esta noite?**	keu **o**peurœ seu reu-preu**zẽ**tœ **èch**tœ **noï**teu
Qui chante?	**Quem canta?**	kœ̃^{y} **kœ̃**tœ
Qui danse?	**Quem dança?**	kœ̃^{y} **dœ̃**ssœ
A quelle heure commence le spectacle?	**A que horas começa o espectáculo?**	œ keu **o**rœch kou**mè**ssœ ou ɨchpè**ta**koulou
Quel est l'orchestre?	**Que orquestra toca [está tocando]?**	keu ôr**kè**chtrœ **to**kœ [ɨ**sta** tô**kœ̃**dô]
Que joue-t-on?	**O que tocam?**	ou keu **to**kœ̃^{ou}
Qui est le chef d'orchestre?	**Quem é o maestro?**	kœ̃^{y} è ou mœ**èch**trou

POUR LES POURBOIRES, voir page 1

Fado – Night-Clubs

Dans les grandes villes, vous pourrez danser dans la plupart des hôtels de luxe ou de première catégorie. Par contre, il y a peu de night-clubs et de discothèques. Le port d'un costume sombre et d'une cravate est recommandé.

Les *casas de fado* ou les *adegas típicas,* petits restaurants où vous pourrez, tard dans la nuit, manger et boire en écoutant le *fado*, sont de loin beaucoup plus intéressants. Les tavernes les plus courues se trouvent dans les quartiers de l'Alfama ou du Bairro Alto. Le *fado,* dont on entendit les premiers airs à Lisbonne, exprime une profonde mélancolie et la *saudade* («regrets d'absence»). Accompagné par deux ou trois guitares et une viole, entièrement habillé de noir, le *fadista* chante, entouré d'un public parfaitement silencieux – et qui n'applaudit qu'une seule fois, en fin de spectacle. Il y a deux sortes de *fado:* celui, traditionnel, de Lisbonne et le *fado* de Coimbra, plus moderne et plus régional.

Pouvez-vous m'indiquer une bonne boîte de nuit?	**Pode indicar-me uma boa buate?**	**po**deu ĩdi**kar** meu **ou**mœ **bô**œ b^{ou}**a**teu
Y a-t-il un spectacle de cabaret?	**Há variedades [show]?**	a vœryœ**da**deuch [chô]
A quelle heure commence le spectacle?	**A que horas começa o espectáculo [show]?**	œ keu **o**rœch kou**mè**ssœ ou ɨchpè**ta**koulou [chô]
La tenue de soirée est-elle de rigueur?	**É necessário trajo [traje] de noite?**	è neusseu**ssa**ryou **tra**jou [**tra**jɨ] deu **noï**teu

A l'intérieur

Une table pour 2, je vous prie.	**Uma mesa para 2, por favor.**	**ou**mœ **mé**zœ **pœ**rœ 2 pour fœ**vôr**
Je m'appelle... J'ai réservé une table pour 4.	**Chamo-me... E reservei uma mesa para 4 pessoas.**	**chœ**meu meu... i reuzeur**vœ**^{y} **ou**mœ **mé**zœ **pœ**rœ 4 peu**ssô**œch
Nous n'avons pas réservé.	**Não reservámos.**	nœ̃^{ou} reuzeur**va**mouch

Dancing

Où pouvons-nous aller danser?	**Onde podemos ir dançar?**	õdeu pou**dé**mouch ir d**œ̃ssar**
Y a-t-il une discothèque en ville?	**Há alguma discoteca na cidade?**	a al**gou**mœ dichkou**tè**kœ nœ si**da**deu
Il y a un bal à...	**Há um baile em...**	a õu **baï**leu œ̃ʸ
Voulez-vous danser?	**Quer dançar?**	kèr d**œ̃ssar**
M'accordez-vous cette danse?	**Concede-me esta dança?**	kõ**ssè**deu meu **èch**tœ **dœ̃**ssœ

Carnaval

Le *Carnaval do Rio* est célébré chaque année, 40 jours avant Pâques et pendant 4 jours. En réalité, il y a deux carnavals: le premier est populaire et se manifeste par des cortèges défilant dans les rues. Le second – beaucoup plus cher – est celui des fameuses écoles de samba, et fait penser à un gigantesque spectacle des Folies-Bergère, mais de style sud-américain.

Si vous n'avez pas la chance de voir le carnaval, rendez-vous dans l'une des 50 *Escolas de Samba* de Rio de Janeiro. On y travaille, l'année entière, à la préparation du prochain carnaval. L'Office du Tourisme se chargera de vous donner de plus amples informations.

Casino

Le casino d'Estoril, célèbre station estivale située non loin de Lisbonne, est ouvert toute l'année. D'autres casinos ouvrent de juin à novembre (à Figueira da Foz, Póvoa de Varzim et Espinho). Certaines villes de la côte sud, comme Alvor, Vilamoura et Monte Gordo sont également pourvues de casinos.

Corrida

La version portugaise de la corrida (*corrida à Portuguesa* ou *tourada*) diffère passablement de la *corrida* espagnole, qui veut que le taureau soit combattu à pied. Au Portugal, l'animal est affronté à cheval.

La mise à mort est interdite au Portugal depuis le 18e siècle. Ainsi, le combat met en relief l'élégance, l'audace et l'habileté du *cavaleiro* (cavalier) et de son pur-sang.

Lorsque retentissent les trompettes, le *cavaleiro* et le taureau pénètrent dans l'arène. Au moment de la charge de l'animal, dont les cornes sont entourées de bandelettes de cuir *(embolladas)*, le cheval bondit de côté, permettant ainsi au *cavaleiro* de lancer un trait *(ferro)* dans l'épaule du taureau. Puis le cavalier continue à aiguillonner la bête. Lorsque l'animal commence à se fatiguer, le *cavaleiro* cède la place aux *moços de forcado*, huit hommes musclés conduits par le *pegador* qui doit, lorsque le taureau charge, essayer de l'arrêter en l'empoignant, tout en se faisant aider par ses camarades.

Il y a seulement trois façons de se saisir de la bête: face à face *(de cara)*, depuis derrière *(de costas)*, de côté *(de cernelha)*. Cette partie du spectacle, qui tient du rodéo, est la plus passionnante et le public réagit avec enthousiasme.

Les meilleures places (et les plus chères) sont situées à l'ombre *(sombra)* et aux premiers rangs *(barreira)*. Viennent ensuite les places *sol e sombra* (soleil et ombre). Réfléchissez à deux fois avant de choisir la catégorie *sol*, qui est la moins chère. Le soleil du Portugal est parfois violent. La saison des corridas se déroule de Pâques à octobre, la plupart du temps le dimanche après-midi. Il est également possible d'en voir le jeudi soir à Lisbonne, dans l'arène de *Campo Pequeno*.

Je voudrais voir une corrida.	**Queria ver uma tourada.**	keuriœ vér **ou**mœ tô**ra**dœ
Je voudrais une place à l'ombre/au soleil.	**Queria um lugar à sombra/ao sol.**	keuriœ õu lou**gar** a **sõ**brœ/a°ᵘ sol

DISTRACTIONS

Aimez-vous jouer?

Si les jeux de société vous tentent...

Jouez-vous aux échecs?	**Joga xadrez?**	jogœ chœ**dréch**
Non, je regrette.	**Lamento, mas não jogo.**	lœ**mẽ**tou mœch nœ^{ou} **jo**gou
Non, mais je jouerais volontiers aux dames.	**Não, mas posso jogar às damas.**	nœ^{ou} mœch **po**ssou jou**gar** ach **dœ**mœch
roi	**o rei**	ou rœ^{y}
reine	**a rainha**	œ rœignœ
tour	**o castelo [a torre]**	ou kœch**tè**lou [a **tô**rri]
fou	**o bispo**	ou **bich**pou
cavalier	**o cavalo**	ou kœ**va**lou
pion	**o peão**	ou pyœ^{ou}
Echec!	**Cheque!**	**chè**keu
Echec et mat!	**Chequemate!**	chèkeu**ma**teu
Jouez-vous aux cartes?	**Joga às cartas?**	**jo**gœ ach **kar**tœch
bridge	**bridge**	**bri**djeu
canasta	**canasta**	kœ**nach**tœ
poker	**poker**	**po**kèr
vingt-et-un	**pontão**	põ**tœ^{ou}**
whist	**whist**	^{ou}**is**teu
as	**o ás**	ou ach
roi	**o rei**	ou rœ^{y}
reine	**a rainha**	œ rœignœ
valet	**o valete**	ou vœ**lè**teu
joker	**o diabo [o coringa]**	ou **dya**bou [ô kô**rĩ**ga]
pique	**as espadas**	œch ichpa**dœ**ch
cœur	**as copas**	œch **ko**pœch
carreau	**os ouros**	ouch **ô**rouch
trèfle	**os paus**	ouch pa^{ou}ch

Sports

Les Portugais, tout comme les Brésiliens, sont de grands amateurs de football. L'une des équipes les plus célèbres du monde, *Benfica*, vient de Lisbonne. Les clubs de Rio de

Janeiro, le *Flamengo* et le *Fluminese*, populairement appelés *Fla* et *Flu*, peuvent s'exercer dans l'*Estádio de Maracanha* qui est le plus grand du monde, puisqu'il peut contenir jusqu'à 200 000 spectateurs.

Le golf, le tennis, la pêche et la plongée sous-marine sont également très répandus. L'Algarve, province de la côte sud du Portugal, est l'endroit idéal pour pratiquer tous ces sports. Vous y trouverez de splendides terrains de golf et un certain nombre de manèges.

Si vous êtes amateur de voile, rendez-vous à Cascais ou à Estoril. Vous aurez probablement la chance d'assister à l'une des nombreuses régates qui s'y déroulent chaque année.

Y a-t-il un match de football quelque part aujourd'hui?	**Há algum desafio [alguma partida] de futebol hoje em qualquer parte?**	a algõũ deuzœfiou [algouma partida] deu fouteubol ôjeu œ̃^{y} k^{ou}alkèr parteu
Je voudrais voir un match de boxe.	**Gostaria de ver um combate de boxe.**	gouchtœriœ deu vér õũ kõbateu deu bokseu
Qui joue?	**Quem joga?**	kœ̃^{y} jogœ
Pouvez-vous me procurer 2 billets?	**Pode arranjar-me 2 bilhetes [entradas]?**	podeu œrrœ̃jar meu 2 bilyéteuch [ẽtradass]
Où est le terrain de golf le plus proche?	**Onde fica o campo de golfe mais próximo?**	õdeu fikœ ou kœ̃pou deu gôlfeu maïch prossimou
Pouvons-nous louer des crosses?	**Podemos alugar clubes?**	poudémouch œlugar kloubeuch
Où sont les courts de tennis?	**Onde ficam os campos de ténis?**	õdeu fikœ̃^{ou} ouch kœ̃pouch deu tènich
Puis-je louer des raquettes?	**Posso alugar raquetas?**	possou œlougar rakètœch
Quel est le prix par...?	**Qual é o preço por...?**	k^{ou}al è ou préssou pour
heure/jour/partie	**hora/dia/jogo**	orœ/diœ/jôgou
Où est l'hippodrome le plus proche?	**Onde fica o hipódromo mais próximo?**	õdeu fikœ ou ipodroumou maïch prossimou

Combien coûte l'entrée?	**Qual é o preço da entrada?**	k°ᵘal è ou **pré**ssou dœ **ẽtra**dœ
Y a-t-il une piscine dans les environs?	**Há alguma piscina aqui perto?**	a al**gou**mœ pɨch**si**nœ œ**ki pèr**tou
Est-elle à ciel ouvert/ couverte/chauffée?	**É ao ar livre/ coberta/aquecida?**	è a°ᵘ ar **li**vreu/ kou**bèr**tœ/œkè**ssi**dœ
Peut-on nager dans le lac/la rivière?	**Pode se nadar no lago/rio?**	**po**deu seu nœ**dar** nou **la**gou/**ri**ou
Y a-t-il dans les environs un bon endroit pour pêcher?	**Há algum bom lugar para pescar aqui perto?**	a al**gõu** bõ lou**gar pœ**rœ pɨch**kar** œ**ki pèr**tou
Un permis est-il nécessaire?	**É preciso uma licença de pesca?**	è preu**ssi**zou **ou**mœ li**ssẽ**ssœ deu **pèch**kœ

DISTRACTIONS

A la plage

Peut-on nager sans danger?	**Pode-se nadar sem perigo?**	**po**deu seu nœ**dar** sœ̃ʸ peu**ri**gou
Y a-t-il un maître-nageur?	**Há um banheiro [salva-vidas]?**	a õu bœ**gnœʸ**rou [**sal**va **vi**das]
Est-ce sans danger pour les enfants?	**Não há perigo para as crianças?**	nœ̃°ᵘ a peu**ri**gou **pœ**rœ œch kry**œ̃**ssœch
La mer est très calme.	**O mar está muito calmo.**	ou mar ɨch**ta mõuʸ**tou **kal**mou
Il y a de grosses vagues.	**Há ondas grandes.**	a **õ**dœch **grœ̃**deuch
Y a-t-il des courants dangereux?	**Há correntes perigosas?**	a kou**rrẽ**teuch peuri**go**zœch
A quelle heure est la marée haute/basse?	**A que horas é a maré alta/baixa?**	œ keu **o**rœch è œ mœ**rè al**tœ/**baï**chœ
Quelle est la température de l'eau?	**Qual é a temperatura da água?**	k°ᵘal è œ tẽpeurœ**tou**rœ dœ **a**g°ᵘœ
Je voudrais louer...	**Queria alugar...**	keu**ri**œ œlou**gar**
cabine	**uma barraca**	**ou**mœ bœ**rra**kœ
chaise longue	**uma cadeira de encosto**	**ou**mœ kœ**dœʸ**rœ deu ẽ**kôch**tou

équipement de plongée	**um equipamento de mergulhador**	õu ɨkipœ**mẽ**tou deu meurgoulyœ**dôr**
matelas pneumatique	**um colchão pneumático**	õu kôl**chœ̃ᵒᵘ** pnéᵒᵘ**ma**tikou
parasol	**um guarda-sol**	õu **gᵒᵘar**dœ sol
planche de surf	**uma prancha**	**ou**mœ **prœ̃**chœ
skis nautiques	**esquis aquáticos**	ɨch**kich** œkᵒᵘ**a**tikouch
Où puis-je louer...?	**Onde posso alugar...?**	**õ**deu **po**ssou œlou**gar**
canoë	**uma canoa**	**ou**mœ kœ**nô**œ
bateau à moteur	**um barco a motor**	õu **bar**kou œ mou**tôr**
bateau à rames	**um barco a remos**	õu **bar**kou œ **rè**mouch
bateau à voiles	**um barco à vela**	õu **bar**kou a **vè**lœ
Quel est le prix de l'heure?	**Qual é o preço por hora?**	kᵒᵘal è ou **pré**ssou pour **o**rœ

PROIBIDO TOMAR BANHO	PRAIA PRIVADA
BAIGNADE INTERDITE	PLAGE PRIVÉE

Sports nautiques

Voici quelques idées pour une longue journée sur la plage...

ballon de plage	**uma bola de praia**	**ou**mœ **bo**lœ deu **pra**ïœ
bateau pneumatique	**um barco pneumático**	õu **bar**kou pnéᵒᵘ**ma**tikou
bouée	**uma bóia**	**ou**mœ **bo**ʸœ
cerf-volant	**um papagaio**	õu pœpœ**ga**ïou
masque	**uns óculos de protecção**	õuch **o**koulouch deu proutè**ssœ̃ᵒᵘ**
palmes	**uma barbatanas**	**ou**mœch bœrbœ**tœ**nœch
raquettes de badmington	**umas raquetas de badminton**	**ou**mœch ra**kè**tœch deu bad**mĩ**ton
raquettes de ping-pong	**uma raquetas de pingpong**	**ou**mœch ra**kè**tœch deu pĩg**põ**g
tube de respiration pour la pêche sous-marine	**um tubo de respiração para pesca submarina**	õu **tou**bou deu reuchpirœ**ssœ̃ᵒᵘ** pœrœ **pèch**kœ soubmœ**ri**nœ

Camping – A la campagne

Les touristes désirant camper au Portugal doivent être en possession d'une carte internationale de camping, qui est délivrée par les clubs de camping ou les associations automobiles.

La plupart des terrains de camping, situés en général à proximité de l'océan, sont confortables et les prix sont raisonnables. Les sites aménagés et gérés par l'Etat bénéficient d'une piscine.

Vous obtiendrez des informations sur les auberges de jeunesse du Portugal dans votre propre pays.

Pouvons-nous camper ici?	**Podemos acampar aqui?**	pou**dé**mouch œkœ̃**par** œ**ki**
Où pouvons-nous camper cette nuit?	**Onde se poderá acampar por esta noite?**	**õ**deu seu poudeu**ra** œkœ̃**par** pour **èch**tœ **noï**teu
Y a-t-il un terrain de camping près d'ici?	**Há algum parque de campismo [acampamento] por aqui perto?**	a al**goũ par**keu deu kœ̃**pij**mou [akœ̃pa**mẽ**tô] pour œ**ki pèr**tou
Pouvons-nous camper dans votre champ?	**Podemos acampar no seu terreno?**	pou**dé**mouch œkœ̃**par** nou **sé**ou teu**rré**nou
Pouvons-nous garer la caravane ici?	**Podemos deixar a nosse roulotte aqui?**	pou**dé**mouch dœy**char** œ **no**ssœ rou**lo**teu œ**ki**
Pouvons-nous faire du feu?	**Podemos acender uma fogueira?**	pou**dé**mouch œssẽ**dér** **ou**mœ fou**gœy**rœ
Y a-t-il de l'eau potable?	**Tem água potável?**	tœ̃y **a**gouœ pou**ta**vèl
Est-ce qu'il y a des magasins sur place?	**Há possibilidade de se fazer compras no campo?**	a poussibili**da**deu deu seu fœ**zér kõ**prœch nou **kœ̃**pou
Y a-t-il...?	**Há...?**	a
bains	**banhos**	**bœ**gnouch
douches	**chuveiros**	chou**vœy**rouch
toilettes	**retretes**	reu**trè**teuch

Quel est le prix...?	**Qual é o preço...?**	k^{ou}al è ou **pré**ssou
par jour	**por dia**	pour **di**œ
par personne	**por pessoa**	pour peu**ssô**œ
pour une voiture	**por um carro**	pour õu **ka**rrou
pour une tente	**por uma tenda**	pour **ou**mœ **tẽ**dœ
pour une caravane	**por roulotte**	pour rou**lo**teu
Y a-t-il une auberge de jeunesse près d'ici?	**Há algum albergue de juventude aqui perto?**	a al**gõu** al**bèr**gheu deu jouvẽ**tou**deu œ**ki** **pèr**tou
Connaissez-vous quelqu'un qui puisse nous héberger pour la nuit?	**Conhece alguém que nos possa albergar por uma noite?**	kou**gnè**sseu al**gœ̃**^{y} keu nouch **po**ssœ albeur**gar** pour **ou**mœ **noï**teu

PROIBIDO ACAMPAR
DÉFENSE DE CAMPER

PROIBIDO A ROULOTTES
INTERDIT AUX CARAVANES

Points de repère

arbre	**a árvore**	œ **ar**voureu
auberge	**o albergue**	ou al**bèr**gheu
autoroute	**a auto-estrada**	œ **a**^{ou}to ɨch**tra**dœ
bois	**o bosque**	ou **boch**keu
canal	**o canal**	ou kœ**nal**
carrefour	**a encruzilhada [o cruzamento]**	œ ẽkrouzi**lya**dœ [ô krouza**mẽ**tô]
chaîne de montagnes	**a cordilheira**	œ kourdi**lyœ**^{y}rœ
champ	**o campo**	ou **kœ̃**pou
château	**o castelo**	ou kœch**tè**lou
chemin	**o caminho**	ou kœ**mi**gnou
chemin de fer	**a linha férrea [estrada de ferro]**	œ **li**gnœ **fè**rryœ [ɨs**tra**da dɨ **fè**rrô]
chute d'eau	**a queda de água**	œ **kè**dœ deu **a**g^{ou}œ
colline	**a colina**	œ kou**li**nœ
cours d'eau	**o rio**	ou **ri**ou
église	**a igreja**	œ i**grœ**^{y}jœ
falaise	**o penhasco**	ou pɨ**gnach**kou
ferme	**a quinta [fazenda]**	œ **kĩ**tœ [fa**zẽ**da]
fleuve	**o rio**	ou **ri**ou
forêt	**a floresta**	œ flou**rèch**tœ
forteresse	**a fortaleza**	œ fourtœ**lé**zœ
grange	**o celeiro**	ou seu**lœ**^{y}rou

hameau	**o lugarejo**	ou lougœrœʸjou
hutte	**a barraca**	œ bœrrakœ
lac	**o lago**	ou lagou
lande	**a charneca [a urze]**	œ chœrnèkœ [a ourzɨ]
maison	**a casa**	œ kazœ
marais	**o pântano/o paúl**	ou pœ̃tœnou/ou pœoul
mare	**a poça**	œ possœ
marécage	**o lodaçal**	ou loudœssal
mer	**o mar**	ou mar
montagne	**a serra**	œ sèrrœ
moulin à vent	**o moinho de vento**	ou mᵒᵘignou deu vẽtou
pic	**o pico/o cume**	ou pikou/ou koumeu
piste	**a pista**	œ pichtœ
plage	**a praia**	œ praïœ
pont	**a ponte**	œ põteu
puits	**o poço**	ou pôssou
rivière	**o rio**	ou riou
route	**a estrada**	œ ɨchtradœ
ruines	**as ruínas**	œch rᵒᵘinœch
ruisseau	**o ribeiro [riacho]**	ou ribœʸrou [ryachô]
sentier	**o caminho**	ou kœmignou
source	**a nascente**	œ nœchsẽteu
taillis	**a mata**	œ matœ
tour	**a torre**	œ tôrreu
vallée	**o vale**	ou valeu
vignoble	**a vinha**	œ vignœ
village	**a aldeia**	œ aldœʸœ

PROIBIDA A ENTRADA
ENTRÉE INTERDITE

Quel est le nom de cette rivière?	**Como se chama este rio?**	kômou seu chœmœ échteu riou
Quelle est l'altitude de cette montagne?	**Que altitude tem aquela montanha?**	keu altitoudeu tœ̃ʸ œkèlœ mõtœgnœ

Si vous êtes fatigué par la marche, vous pouvez essayer de faire de l'auto-stop. Mais vous attendrez peut-être longtemps avant qu'un automobiliste ne s'arrête.

Pouvez-vous m'emmener jusqu'à...?	**Pode dar-me uma boleia [carona] para...?**	podeu dar meu oumœ boulœʸœ [karôna] pœrœ

POUR DEMANDER SON CHEMIN, voir page 143

Comment se faire des amis

Présentations

Voici quelques phrases pour engager la conversation:

Permettez-moi de vous présenter Madame...	**Posso apresentar--lhe a Senhora...**	possou œpreuz**ẽtar** lyeu œ sɨ**gnô**rœ
Enchanté(e).	**Muito prazer.**	mõũ^{y}tou prœ**zèr**
Comment allez-vous?	**Como está?**	kômou **ɨchta**
Très bien, merci.	**Bem, obrigado/a.**	bœ̃^{y} ôbri**ga**dou/œ
Je voudrais vous présenter à un ami/ une amie.	**Quero apresentar--lhe um amigo/ uma amiga.**	**kè**rou œpreuz**ẽtar** lyeu õu œ**mi**gou/ oumœ œ**mi**gœ
Jean, je vous présente...	**João, apresento--lhe...**	j^{ou}œ̃^{ou} œpreuz**ẽ**tou lyeu
Je m'appelle...	**Chamo-me...**	ch**œ**mou meu
Enchanté(e) de faire votre connaissance.	**Muito prazer em conhecê-lo/la.**	mõũ^{y}tou prœ**zér** œ̃^{y} kougneu**ssé** lou/lœ

Pour rompre la glace ...

Depuis combien de temps êtes-vous ici?	**Há quanto tempo está cá*?**	a k^{ou}**œ̃**tou **tẽ**pou **ɨchta** ka
Il y a une semaine que nous sommes ici.	**Estamos cá* há uma semana.**	**ɨchtœ**mouch ka a oumœ seu**mœ**nœ
Est-ce la première fois que vous venez?	**É a primeira vez que cá* vem?**	è œ pri**mœ**^{y}rœ véch keu ka vœ̃^{y}
Non, nous sommes déjà venus l'an dernier.	**Não, já cá* viémos o ano passado.**	nœ̃^{ou} ja ka **vyè**mouch ou **œ**nou pœ**ssa**dou
Est-ce que vous vous plaisez ici?	**Está a gostar [gostando] da estadia?**	**ɨchta** œ gou**chtar** [gôs**tœ̃**dô] dœ ɨchtœ**di**œ
Oui... me plaît beaucoup.	**Sim, gosto muito...**	sĩ **goch**tou **mõũ**^{y}tou

* Au Brésil: **aqui** (**aki**).

Etes-vous seul(e) ici?	**Está sòzinho/a?**	ɨ**chta** sozignou/œ
Je suis avec...	**Estou com...**	ɨ**chtô** kõ
mon mari	**o meu marido**	ou mé^{ou} mœ**ridou**
ma femme	**a minha mulher**	œ **mignœ** mou**lyèr**
ma famille	**a minha família**	œ **mignœ** fœ**mi**lyœ
mes parents	**os meus pais**	ouch **mé**^{ou}ch **païch**
des amis	**uns amigos**	õuch œ**mi**gouch
D'où venez-vous?	**Donde vem?**	**dõ**deu **vœ̃**^{y}
De quelle région de... venez-vous?	**De que parte de... vem?**	deu keu **par**teu deu... **vœ̃**^{y}
Je viens de...	**Venho de...**	**vœ̃**^{y}gnou deu
Où logez-vous?	**Onde está hospedado?**	**õ**deu ɨ**chta** ôchpeu**da**dou
Je suis étudiant(e).	**Sou estudante.**	sô ɨchtou**dœ̃**teu
Nous sommes en vacances.	**Estamos aqui de férias.**	ɨ**chtœ**mouch œ**ki** deu **fè**ryœch
Je suis en voyage d'affaires.	**Estou aqui em [à] negócios.**	ɨ**chtô** œ**ki** œ̃^{y} [a] neu**go**ssyôuch
J'espère vous revoir bientôt.	**Esperamos vê-lo de novo dentro em breve.**	ɨchpeu**rœ**mouch **vé** lou deu **nô**vou **dẽ**trou œ̃^{y} **brè**veu
A bientôt.	**Até breve.**	œ**tè** **brè**veu
A demain.	**Até amanhã.**	œ**tè** amœ**gnœ̃**

Le temps qu'il fait

Comme partout, le temps est prétexte à conversation ...

Quelle belle journée!	**Que lindo dia!**	keu **lĩ**dou **di**œ
Quel mauvais temps!	**Que mau tempo!**	keu **ma**^{ou} **tẽ**pou
Comme il fait froid/chaud aujourd'hui!	**Que frio/calor está hoje!**	keu **fri**ou/kœ**lôr** ɨ**chta** **ô**jeu
Pensez-vous qu'il... demain?	**Pensa que... amanhã?**	**pẽ**ssœ keu... amœ**gnœ̃**
pleuvra	**choverá**	chouveu**ra**
y aura des éclaircies/du soleil	**o tempo melhorará/haverá sol**	ou **tẽ**pou mɨlyourœ**ra**/œveu**ra** **sol**

Invitations

Ma femme/Mon mari et moi, nous voudrions vous inviter à dîner...	**A minha mulher/O meu marido e eu queríamos convidá--lo para jantar...**	œ mignœ moulyèr/ou mé^{ou} mœridou i é^{ou} keuriœmouch kõvida lou pœrœ jœ̃tar
Viendrez-vous dîner demain soir?	**Pode vir jantar amanhã à noite?**	podeu vir jœ̃tar amœgnœ̃ a noïteu
Venez prendre un verre ce soir.	**Venha beber qualquer coisa connosco, esta tarde [noite].**	vœ̃^{y}gnœ beubér k^{ou}alkèr koïzœ kônôchkou èchtœ tardeu [noïteu]
Il y a une soirée. Est-ce que vous viendrez?	**Há uma festa. Pode vir?**	a oumœ fèchtœ. podeu vir
Vous êtes très aimable.	**É muito amável da sua parte.**	è mõũ^{y}tou œmavèl dœ souœ parteu
Formidable. Je serai ravi(e) de venir.	**Óptimo. Virei com muito gosto [prazer].**	otimou. virœ^{y} kõ mõũ^{y}tou gôchtou [prazér]
A quelle heure pouvons-nous venir?	**A que horas devemos vir?**	œ keu orœch deuvémouch vir
Est-ce que je peux amener un ami/une amie?	**Posso trazer um amigo/uma amiga?**	possou trœzér õũ œmigou/oumœ œmigœ
Je pense qu'il nous faut partir maintenant.	**Lamento, mais temos de partir.**	lœmẽtou mœch témouch deu pœrtir
La prochaine fois, ce sera à vous de venir nous voir.	**Para a próxima vez, terá de vir a nossa casa.**	pœrœ œ prossimœ véch teura deu vir œ nossœ kazœ
Merci pour cette soirée. C'était formidable.	**Obrigado/a pela festa. Foi estupenda.**	ôbrigadou/œ pélœ fèchtœ. foi ɨchtoupẽdœ

Rendez-vous

Puis-je vous offrir une cigarette?	**Posso oferecer-lhe um cigarro?**	possou ôfeureussér lyeu õũ sigarrou
Avez-vous du feu, s.v.p.?	**Tem lume [fósforos], por favor?**	tœ̃^{y} loumeu [fosfôrôss] pour fœvôr
Que voulez-vous boire?	**Que quer beber?**	keu kèr beubér

Attendez-vous quelqu'un?	**Espera alguém?**	ichpèrœ al**gœ̃**^{y}
Etes-vous libre ce soir?	**Está livre esta noite?**	ich**ta** **li**vreu **èch**tœ **noï**teu
Voulez-vous sortir avec moi ce soir?	**Posso convidá-la a sair comigo esta noite?**	**po**ssou kõvi**da** lœ œ sœ**ir** kou**mi**gou **èch**tœ **noï**teu
Voulez-vous aller danser?	**Gostaria de ir dançar?**	gouchtœ**ri**œ deu **ir** dœ̃**ssar**
Je connais une bonne discothèque/restaurant.	**Conheço uma boa discoteca/um bom restaurante.**	kou**gné**ssou **ou**mœ **bô**œ dichkou**tè**kœ/ũ bõ richta^{ou}**rœ̃**teu
Voulez-vous aller au cinéma?	**Vamos ao cinema?**	**vœ**mouch a^{ou} si**né**mœ
Voulez-vous faire une promenade en voiture?	**Vamos dar um passeio de carro?**	**vœ**mouch dar ũ pœ**ssœ**^{y}ou deu **ka**rrou
Très volontiers.	**Com muito gosto [prazer].**	kõ **mũ**^{y}tou **gôch**tou [pra**zér**]
Où puis-je vous rencontrer?	**Onde nos encontramos?**	**õ**deu nouch ẽkõ**trœ**mouch
Je passerai vous prendre à l'hôtel.	**Vou buscá-la ao seu hotel.**	vô bouch**ka** lœ a^{ou} sé^{ou} o**tèl**
Je passerai vous prendre à 8 h.	**Passo a buscá-la às 8.**	**pa**ssou œ bouch**ka** lœ ach 8
Puis-je vous ramener chez vous?	**Posso acompanhá-la a casa?**	**po**ssou œkõpœ**gna** lœ œ **ka**zœ
Puis-je vous revoir demain?	**Posso vê-la amanhã?**	**po**ssou vé lœ amœ**gnœ̃**
Merci pour cette soirée merveilleuse.	**Obrigado por esta noite tão agradável.**	ôbri**ga**dou pour **èch**tœ **noï**teu tœ̃^{ou} œgrœ**da**vèl
Quel est votre numéro de téléphone?	**Qual é o seu número de telefone?**	k^{ou}al è ou sé^{ou} **nou**meurou deu teuleu**fo**neu
Habitez-vous seul(e)?	**Vive só?**	**vi**veu so
A quelle heure part votre dernier bus?	**A que horas parte o seu último autocarro [ônibus]?**	œ keu **o**rœch **par**teu ou sé^{ou} **oul**timou a^{ou}to**ka**rrou [**ô**nibouss]

Guide des achats

Ce guide vous aidera à trouver aisément et rapidement ce que vous désirez. Il comprend:

1. une liste des principaux magasins et services (p. 98);
2. quelques expressions qui vous aideront à choisir et à formuler vos désirs avec précision (p. 100);
3. tous les détails sur les magasins et services auxquels vous aurez probablement affaire. Vous trouverez conseils et liste alphabétique des articles sous les titres suivants:

Magasins et services

Au Portugal on peut acheter du pain et du lait dès 7 h. 30, mais la plupart des magasins sont ouverts de 9 h. à 19 h., avec une pause entre 13 h. et 15 h. Tous les commerces sont fermés le dimanche et les jours fériés officiels. Vous trouverez également porte close lors des festivités locales. Les magasins brésiliens sont ouverts de 8 h. à 18 h. et ferment à midi le samedi.

Où est le/la/l'... le/la plus proche?	**Onde fica... mais próximo/próxima?**	õdeu fikœ...maïch prossimou/prossimœ
agence de voyages	**a agência de viagens**	œ œjẽssyœ deu vyajœ̃ych
antiquités (magasin)	**o antiquário**	ou œ̃tikouaryou
articles de sports	**a casa de artigos de desporto [esportivos]**	œ kazœ deu œrtigouch deu dɨchpôrtou [ésportivôss]
banque	**o banco**	ou bœ̃kou
bijouterie	**a ourivesaria**	œ ôriveuzœriœ
blanchisserie	**a lavandaria**	œ lœvœ̃dœriœ
boucherie	**o talho [açougue]**	ou talyou [assôgɨ]
boulangerie	**a padaria**	œ padœriœ
bureau de tabac	**a tabacaria**	œ tœbœkœriœ
charcutier	**a salsicharia**	œ salsichœriœ
chaussures (magasin)	**a sapataria**	œ sœpœtœriœ
chemiserie	**a camisaria**	œ kœmizœriœ
coiffeur (dames)	**o cabeleireiro (de senhoras)**	ou kœbeulœyrœyrou (deu sɨgnôrœch)
coiffeur (hommes)	**o barbeiro**	ou bœrbœyrou
confiserie	**a confeitaria**	œ kõfœytœriœ
cordonnerie	**o sapateiro**	ou sœpœtœyrou
couturière	**a costureira**	œ kouchtourœyrœ
dentiste	**o dentista**	ou dẽtichtœ
épicerie	**a mercearia**	œ meursyœriœ
galerie d'art	**a galeria de arte**	œ gœleuriœ deu arteu
grand magasin	**o armazém [empório]**	ou armœzœ̃y [ẽporyô]
hôpital	**o hospital**	ou ochpital
horloger	**o relojoeiro**	ou reuloujouœyrou
jouets (magasin)	**a loja de brinquedos**	œ lojœ deu brĩkédouch
kiosque	**o quiosque [a banca] de jornais**	ou kyochkeu [a bœ̃ka] deu journaïch

laiterie	**a leitaria**	œ lœytœ**ri**œ
légumes (magasin)	**o lugar da hortaliça [a quitanda]**	ou lou**gar** dœ ortœ**li**ssœ [a ki**tœ̃**da]
librairie	**a livraria**	œ livrœ**ri**œ
marché	**o mercado**	ou meur**ka**dou
médecin	**o médico**	ou **mè**dikou
mercerie	**a retrosaria**	œ reutrouzœ**ri**œ
opticien	**o oculista**	ou okou**lich**tœ
papeterie	**a papelaria**	œ pœpeulœ**ri**œ
pâtisserie	**a pastelaria [confeitaria]**	œ pœchteulœ**ri**œ [kõfœytœ**ri**œ]
pharmacie	**a farmácia**	œ fœr**ma**ssiœ
photo (magasin)	**a loja de fotografias [de artigos fotográficos]**	œ **lo**jœ deu foutougrœ**fi**œch [dɨ ar**ti**gôss fôtô**gra**fikôss]
poissonnerie	**a peixaria**	œ pœychœ**ri**œ
poste	**o correio**	ou kou**rrœy**ou
poste de police	**o posto de polícia [distrito policial]**	ou **pôch**tou deu pou**li**ssyœ [dis**tri**tô pôli**ssyal**]
quincaillerie	**a loja de ferragens [ferramentas]**	œ **lo**jœ deu feu**rra**jœ̃ych [fèrra**mẽ**tass]
salon de beauté	**o instituto de beleza**	ou ĩchti**tou**tou deu beu**lé**zœ
souvenirs (magasin)	**a loja de lembranças**	œ **lo**jœ deu lẽ**brœ̃**ssœch
supermarché	**o supermercado**	ou soupèrmeur**ka**dou
tailleur	**a alfaiataria**	œ alfyœyœtœ**ri**œ
teinturerie	**a lavandaria a seco**	œ lœvœ̃dœ**ri**œ œ **sé**kou
tissus (marchand)	**a loja de tecidos**	œ **lo**jœ deu teu**ssi**douch
vétérinaire	**o veterinário**	ou veuteuri**na**ryou
vins et liqueurs	**a loja de vinhos e licores**	œ **lo**jœ deu **vi**gnouch i li**kô**reuch

Expressions générales

Voici quelques expressions qui vous aideront lors de vos achats:

Où?

Où y a-t-il un/une bon/bonne...?	**Onde há um bom/ uma boa...?**	õdeu a õu bõ/ oumœ **bôœ**
Où puis-je trouver un...?	**Onde posso encontrar um...?**	õdeu **po**ssou ẽkõ**trar** õu
Pouvez-vous me recommander un ... bon marché?	**Pode aconselhar-me um... barato?**	**po**deu œkõsseu**lyar** meu õu...bœ**ra**tou
Où est le centre commercial?	**Onde é a Baixa [o centro comercial]?**	õdeu è œ **baï**chœ [ô **sẽ**trô kômèr**syal**]
Est-ce loin d'ici?	**A que distância fica daqui?**	œ keu dɨch**tœ̃**ssyœ **fi**kœ dœ**ki**
Comment puis-je m'y rendre?	**Como vou para lá?**	**kô**mou vô **pœ**rœ la

Service

Pouvez-vous m'aider?	**Pode ajudar-me?**	**po**deu œjou**dar** meu
Je ne fais que regarder.	**Estou a ver [Estou olhando].**	ɨch**tô** œ vér [ɨ**stô** oly**œ̃**dô]
Je voudrais acheter...	**Quero comprar...**	**kè**rou kõ**prar**
Avez-vous...?	**Tem...?**	tœ̃^{y}

Celui-là/Celle-là

Pouvez-vous me montrer...?	**Pode mostrar-me...?**	**po**deu mouch**trar** meu
celui-là/ceux-là	**aquele/aqueles**	œ**ké**leu/œ**ké**leuch
celui qui est dans la vitrine/à l'étalage	**aquele da montra [vitrine]/do mostruário**	œ**ké**leu dœ **mõ**trœ [vi**tri**nɨ] /dou mouch**tr**^{ou}aryou
C'est là-bas.	**Está ali.**	ɨch**ta** œ**li**

Description de l'article

Je voudrais un/une...	**Queria um/uma...**	keuriœ õu/oumœ
Il faut que ce soit...	**Deve ser...**	dèveu sér
bon	**bom**	bõ
bon marché	**barato**	bœratou
carré	**quadrado**	kouœdradou
clair	**claro**	klarou
foncé	**escuro**	ichkourou
grand	**grande**	grœ̃deu
léger	**leve**	lèveu
lourd	**pesado**	peuzadou
ovale	**oval**	ôval
petit	**pequeno**	peukénou
rectangulaire	**rectangular**	rètœ̃goular
rond	**redondo**	rèdõdou
Je ne voudrais pas quelque chose de trop cher.	**Não quero nada muito caro.**	nœ̃ou kèrou nadœ mõũytou karou

Préférence

Pouvez-vous m'en montrer d'autres?	**Pode mostrar-me mais alguns?**	podeu mouchtrar meu maïch algõuch
N'avez-vous rien de...?	**Não tem nada...?**	nœ̃ou tœ̃y nadœ
meilleur marché/ mieux	**mais barato/ melhor**	maïch bœratou/ milyor
plus grand/plus petit	**maior/mais pequeno [menor]**	mœyor/maïch peukénou [ménor]

Combien?

Combien coûte ceci?	**Quanto custa isto?**	kouœ̃tou kouchtœ ichtou
Je ne comprends pas.	**Não compreendo [Não entendo].**	nœ̃ou kõpryẽdou [nœ̃ou ẽtẽdô]
Pourriez-vous l'écrire s.v.p.?	**Escreva-mo [Pode escrevê-lo], por favor.**	ichkrévœ mou [podi iskrévé lô] pour fœvôr
Je ne veux pas dépenser plus de...	**Não quero gastar mais que...**	nœ̃ou kèrou gœchtar maïch keu

POUR LES COULEURS, voir page 116

GUIDE DES ACHATS

Décision

C'est exactement ce que je cherche.	**É exactamente o que quero.**	è ɨzatœ**mẽ**teu ou keu **kè**rou
Ce n'est pas tout à fait ce que je veux.	**Não é bem o que quero.**	nœ̃ou è bœ̃y ou keu **kè**rou
Non, cela ne me plaît pas.	**Não, não gosto.**	nœ̃ou nœ̃ou **goch**tou
Je le prends.	**Levo este.**	**lè**vou **éch**teu

Commande

Pouvez-vous me le commander?	**É possível encomendar?**	è pou**ssi**vèl ẽkoumẽ**dar**
Combien de temps cela prendra-t-il?	**Quanto tempo demora?**	**kou**œ̃tou **tẽ**pou deu**mo**rœ

Livraison

Je l'emporte.	**Levo-o comigo.**	**lè**vou ou kou**mi**gou
Envoyez-le à l'hôtel...	**Mande entregar ao hotel...**	**mœ̃**deu ẽtreu**gar** aou o**tèl**
Envoyez-le à cette adresse, je vous prie.	**É para mandar a esta morada [este endereço], por favor.**	è **pœ**rœ mœ̃**dar** œ **èch**tœ mou**ra**dœ [**éš**tɨ ẽdé**ré**ssô] pour fœ**vôr**
Est-ce que j'aurai des problèmes à la douane?	**Terei alguma dificuldade com a alfândega?**	teu**rœy** al**gou**mœ dɨfi-koul**da**deu kõ œ al**fœ̃**deugœ

Paiement

C'est combien?	**Quanto é?**	**kou**œ̃tou è
Puis-je payer avec un chèque de voyage?	**Posso pagar com cheque de viagem?**	**po**ssou pœ**gar** kõ **chè**keu deu **vya**jœ̃y
Acceptez-vous des dollars/cartes de crédit?	**Aceitam dólares/cartas de crédito?**	œ**ssœy**tœ̃ou **do**lœrch/ **kar**tœch deu **krè**ditou
N'avez-vous pas fait d'erreur d'addition?	**Não se enganou na conta?**	nœ̃ou seu ẽgœ**nô** nœ **kõ**tœ
Voulez-vous l'emballer, je vous prie?	**Embrulhe, por favor.**	ẽ**brou**lyeu pour fœ**vôr**

Autre chose?

Non merci, ce sera tout.	**Não obrigado/a, mais nada.**	nœ^{ou} ôbri**ga**dou/œ maïch **na**dœ
Oui, je voudrais...	**Sim, quero...**	sĩ **kè**rou
Merci. Au revoir.	**Obrigado/a. Adeus [Até logo].**	ôbri**ga**dou/œ. œ**dé**^{ou}**ch** [a**tè** lo**gô**]

Réclamations

Pouvez-vous changer ceci, s.v.p.?	**Pode trocar-me isto, faz favor?**	**po**deu trou**kar** meu **ich**tou fach fœ**vôr**
Je voudrais rendre ceci.	**Queria devolver isto.**	keu**ri**œ deuvol**vér** **ich**tou
Je voudrais être remboursé. Voici le reçu.	**Queria o reembolso. Aqui está o recibo.**	keu**ri**œ ou ryẽ**bôl**sou. œ**ki** ɨ**chta** ou reu**ssi**bou

Posso ajudá-lo/la?	Puis-je vous aider?
Que deseja?	Que désirez-vous?
Que... deseja?	Quel(le)... désirez-vous?
cor/forma qualidade/quantidade	couleur/forme qualité/quantité
Lamento, mas não temos.	Je suis désolé, nous n'en avons pas.
O artigo está esgotado.	Notre stock est épuisé.
Deseja que o encomende?	Désirez-vous que nous vous le commandions?
Leva-o ou quer que lhe mande a [em] casa/ao hotel?	L'emportez-vous ou faut-il vous l'envoyer à la maison/ à l'hôtel?
Mais alguma coisa?	Autre chose?
São... escudos [cruzados], por favor.	Cela fait... escudos [cruzados], s'il vous plaît.
A caixa é [está] ali.	La caisse est là-bas.

Appareils électriques – Accessoires – Disques

Dans quelques hôtels et pensions, le voltage est de 110–120. Le courant de 210–220 volts est cependant le plus répandu. Contrôlez donc le voltage avant d'utiliser un appareil électrique. Au Brésil, Rio et São Paulo ont adopté le courant de 110 V.

Quel est le voltage?	**Qual é a voltagem?**	k^{ou}al è œ vôl**ta**jœ̃^{y}
Je voudrais une prise pour ceci.	**Queria uma tomada para isto.**	keu**ri**œ **ou**mœ tou**ma**dœ **pœ**rœ **ich**tou
C'est cassé. Pouvez-vous le réparer?	**Isto está avariado [quebrado]. Pode consertá-lo?**	**ich**tou ɨch**ta** œvœr**ya**dou [kè**bra**dô]. **po**deu kõsseur**ta** lou
Je voudrais...	**Queria...**	keu**ri**œ
amplificateur	**um amplificador**	õ œ̃plɨfikœ**dôr**
bouilloire	**uma chaleira**	**ou**mœ chal**œ**^{y}rœ
cafetière automatique	**uma máquina de café**	**ou**mœ **ma**kinœ deu kœ**fè**
fer à repasser	**um ferro de passar**	õ **fè**rrou deu pœ**ssar**
fer à repasser pour le voyage	**um ferro de passar de viagem**	õ **fè**rrou deu pœ**ssar** deu **vya**jœ̃^{y}
haut-parleurs	**uns alto-falantes**	õch **al**tou fœ**lœ̃**teuch
magnétophone	**um gravador**	õ grœvœ**dôr**
à cassettes	**gravador de cassettes**	grœvœ**dôr** deu ka**ssè**teuch
pendule	**um relógio**	õ reu**lo**jyou
pile	**uma pilha**	**ou**mœ **pi**lyœ
... portatif	**... portátil**	pour**ta**til
prise	**uma tomada**	**ou**mœ tou**ma**dœ
raccord	**um adaptador de tomadas**	õ œdœptœ**dôr** deu tou**ma**dœch
radio	**um rádio**	õ **ra**dyou
radio pour voiture	**rádio para o carro**	**ra**dyou **pœ**rœ ou **ka**rrou
rasoir	**uma máquina de barbear***	**ou**mœ **ma**kinœ deu bœr**byar**
sèche-cheveux	**um secador**	õ seukœ**dôr**
télévision	**uma televisão**	**ou**mœ teuleuvi**zœ̃**^{ou}
en couleur	**televisão a cores**	teuleuvi**zœ̃**^{ou} œ **kô**reuch
toaster	**uma torradeira eléctrica**	**ou**mœ tourrœ**dœ**^{y}rœ ɨ**lè**trikœ

* Au Brésil: **um barbeador** (õ barbya**dôr**).

tourne-disque	**um gira-discos [toca-discos]**	õu **jir**œ **dich**kouch [**to**ka **dis**kôss]
transformateur	**um transformador**	õu trẽchfourmœ**dôr**

Chez le disquaire

Avez-vous des disques de...?	**Tem discos do/da...?**	tœ̃ʸ **dich**kouch dou/dœ
Je voudrais une cassette.	**Queria uma cassette* para gravador.**	keu**ri**œ **ou**mœ kas**sè**teu **pœ**rœ grœvœ**dôr**
Je voudrais un nouveau saphir.	**Quero uma agulha nova.**	**kè**rou **ou**mœ œ**goul**yœ **no**vœ

L.P.	**Long-Play**	«long-play»
33 rpm	**33 rotações**	33 routœ**ssõʸch**
45 rpm	**45 rotações**	45 routœ**ssõʸch**
mono/stéréo	**mono/estereofónico**	**mo**nou ɨchtèryou**fo**nikou

jazz	**jazz**	jazz
musique classique	**música clássica**	**mou**zikœ **klas**sikœ
musique folklorique	**música folclórica**	**mou**zikœ fol**klo**rikœ
musique instrumentale	**música instrumental**	**mou**zikœ ĩchtroumẽ**tal**
musique légère	**música ligeira**	**mou**zikœ li**jœʸ**rœ
musique pop	**música pop**	**mou**zikœ pop
musique symphonique	**música de orquestra**	**mou**zikœ deu or**kèch**trœ

* Au Brésil, on dit plutôt **uma fita cassette** (fita kas**sè**tɨ).

Bijouterie – Horlogerie

Pouvez-vous réparer cette montre?	**Pode reparar [consertar] este relógio?**	po**deu** reupœ**rar** [kõssèr**tar**] **éch**teu reu**lo**jyou
Le... est cassé.	**... está avariado.***	ɨch**ta** œvœr**ya**dou
bracelet/remontoir ressort/verre	**a correia/a corda a mola/o vidro**	œ kou**rrœ**ʸœ/œ **kor**dœ œ **mo**lœ/ou **vi**drou
Je voudrais faire nettoyer cette montre.	**Queria que limpasse este relógio.**	keu**ri**œ keu lĩ**pa**sseu **éch**teu reu**lo**jyou
Quand sera-ce terminé?	**Quando pode estar pronto?**	kᵒᵘ**œ̃**dou **po**deu ɨch**tar** **prõ**tou
Puis-je voir cela, s.v.p.?	**Posso ver aquilo, ali, por favor?**	**po**ssou vér œ**ki**lou œ**li** pour fœ**vôr**
Je ne fais que regarder.	**Só ando a ver [Estou olhando].**	so **œ̃**dou œ vér [ɨ**stô** oly**œ̃**dô]
Je voudrais un petit cadeau pour...	**Quero um pequeno presente para...**	**kè**rou ũ peu**ké**nou preu**zẽ**teu **pœ**rœ
Je ne voudrais pas quelque chose de trop cher.	**Não quero nada muito caro.**	**nœ̃**ᵒᵘ **kè**rou **na**dœ **mõũ**ʸtou **ka**rou
Je voudrais quelque chose de...	**Quero qualquer coisa de...**	**kè**rou kᵒᵘal**kèr** **koï**zœ deu
meilleur meilleur marché plus simple	**melhor mais barato mais simples**	mɨ**lyor** maïch bœ**ra**tou maïch **sĩ**pleuch
Est-ce de l'argent véritable?	**É prata verdadeira?**	è **pra**tœ veurdœ**dœ**ʸrœ
Avez-vous quelque chose en or?	**Tem qualquer coisa em ouro?**	**tœ̃**ʸ kᵒᵘal**kèr** **koï**zœ œ̃ʸ **ô**rou
Combien de carats?	**É ouro de quantos quilates?**	è **ô**rou deu kᵒᵘ**œ̃**touch ki**la**teuch

Avant même d'aller chez le bijoutier, vous savez sans doute ce que vous voulez. Vous trouverez la matière, puis le nom de l'article en consultant les listes des pages suivantes.

* Au Brésil: **com defeito** (kõ dé**fœ**ʸtô).

GUIDE DES ACHATS

En quelle matière est-ce?

acier inoxydable	**aço inoxidável**	assou inoksidavèl
ambre	**âmbar**	œ̃bœr
améthyste	**ametista**	œmeutichtœ
argent	**prata**	pratœ
argenté	**casquinha de prata***	kœchkignœ deu pratœ
chromé	**cromo**	kromou
corail	**coral**	koural
cristal	**cristal**	krichtal
cristal taillé	**cristal talhado**	krichtal tœlyadou
cuivre	**cobre**	kobreu
diamant	**diamante**	dyœmœ̃teu
ébène	**ébano**	èbœnou
émail	**esmalte**	ɨchmalteu
émeraude	**esmeralda**	ɨchmeuraldœ
étain	**estanho**	ɨchtœgnou
ivoire	**marfim**	mœrfĩ
jade	**jade**	jadeu
onyx	**ónix**	oniks
or	**ouro**	ôrou
plaqué or	**plaqué****	plaké
perle	**pérola**	pèroulœ
platine	**platina**	plœtinœ
rubis	**rubi**	roubi
saphir	**safira**	sœfirœ

Qu'est-ce que c'est?

Je voudrais...	**Queria...**	keuriœ
argenterie	**umas peças de prata**	oumœch pèssœch deu pratœ
bague	**um anel**	õu œnèl
bague de fiançailles	**anel de noivado**	œnèl deu noïvadou
alliance	**aliança**	œlyœ̃ssœ
chevalière	**anel de sinete**	œnèl deu sinéteu
bracelet	**uma correia**	oumœ kourrœ^{y}œ
bracelet de cuir	**correia de couro**	kourrœ^{y}œ deu kôrou
bracelet de montre	**correia de relógio**	kourrœ^{y}œ deu reulojyou
bracelet porte-bonheur	**uma pulseira de pingentes**	oumœ poulsœ^{y}rœ deu pĩjẽteuch

* Les Brésiliens disent: **recoberto de prata** (rékôbèrtô dɨ prata).
** Au Brésil: **folhado a ouro** (fôlyadô a ôrô).

briquet	**um isqueiro**	õu **ichkœ^{y}rou**
boucles d'oreilles	**uns brincos**	õuch **brĩkouch**
bouton de col	**um botão de colarinho**	õu bou**tœ̃^{ou}** deu koulœ**ri**gnou
boutons de manchettes	**botões de punho [abotoaduras]**	bou**tõ^{y}ch** deu **pou**gnou [abôt^{ou}**a**dourass]
broche	**um broche**	õu **bro**cheu
chaîne	**uma corrente (um fio)**	**ou**mœ kour**rẽ**teu (õu **fi**ou)
chapelet	**um rosário**	õu rou**za**ryou
clip	**uma pinça**	**ou**mœ **pĩ**ssœ
coffret à bijoux	**uma caixa de jóias**	**ou**mœ **kaï**chœ deu **jo**^{y}œch
collier	**um colar**	õu kou**lar**
couverts	**uns talheres**	õuch tœ**lyè**reuch
croix	**uma cruz**	**ou**mœ krouch
épingle	**um alfinete**	õu alfi**né**teu
épingle à cravate	**um alfinete de gravata**	õu alfi**né**teu deu grœ**va**tœ
étui à cigarettes	**uma cigarreira**	**ou**mœ sigœr**rœ^{y}**rœ
gourmette	**uma pulseira**	**ou**mœ poul**sœ^{y}**rœ
montre	**um relógio**	õu reu**lo**jyou
montre-bracelet	**de pulso**	deu **poul**sou
de gousset	**de bolso**	deu **bôl**sou
avec aiguille des secondes	**com ponteiro de segundos**	kõ põ**tœ^{y}**rou deu seu**gõu**douch
pendentif	**um pingente [pendente]**	õu pĩ**jẽ**teu [pẽ**dẽ**tɨ]
pince à cravate	**uma pinça [um clipe] de gravata**	**ou**mœ **pĩ**ssœ [õu **kli**pɨ] deu grœ**va**tœ
porte-mine	**uma lapiseira**	**ou**mœ lœpi**zœ^{y}**rœ
poudrier	**uma caixa de pó de arroz**	**ou**mœ **kaï**chœ deu po deu œr**rôch**
réveil	**um despertador**	õu deuchpeurtœ**dôr**
réveil de voyage	**um relógio de viagem**	õu reu**lo**jyou deu **vya**jœ̃
tabatière	**uma caixa de rapé**	**ou**mœ **kaï**chœ deu rœ**pè**

Blanchisserie – Teinturerie

S'il n'y a pas de blanchisserie ou de teinturerie à l'hôtel, demandez au portier:

Où est la blanchisserie/teinturerie/la plus proche?	**Onde fica a lavandaria/lavandaria a seco mais próxima?**	õdeu **fi**kœ œ lœvœ̃dœ**ri**œ/lœvœ̃dœ**ri**œ œ **sé**kou maïch **pro**ssimœ
Je voudrais faire... ces vêtements.	**Quero que esta roupa seja...**	**kè**rou keu **èch**tœ **rô**pœ **sœ**^{y}jœ
laver	**lavada**	lœ**va**dœ
nettoyer	**limpa**	**lĩ**pœ
repasser	**passada a ferro**	pœ**ssa**dœ œ **fè**rrou
Quand sera-ce prêt?	**Quando está [estará] pronta?**	**k**^{ou}**œ̃**dou ɨ**chta** [ɨsta**ra**] **prõ**tœ
Il me le faut...	**Preciso disto...**	preu**ssi**zou **dich**tou
aujourd'hui	**hoje**	**ô**jeu
ce soir	**hoje à noite**	**ô**jeu à **noï**teu
demain	**amanhã**	amœ**gnœ̃**
avant vendredi	**antes de sexta-feira**	**œ̃**tɨch deu **sœ**^{y}**ch**tœ **fœ**^{y}rœ
Pouvez-vous... ceci?	**Pode... isto?**	**po**deu...**ich**tou
coudre	**coser [costurar]**	kou**zér** [kôstu**rar**]
raccommoder	**consertar**	kõsseur**tar**
rapiécer	**remendar**	reumẽ**dar**
Pouvez-vous me coudre ce bouton?	**Pode pregar este botão?**	**po**deu preu**gar** **éch**teu bou**tœ̃**^{ou}
Pouvez-vous enlever cette tache?	**Pode tirar esta nódoa [mancha]?**	**po**deu ti**rar** **èch**tœ **no**d^{ou}œ [**mœ̃**cha]
Pouvez-vous le stopper?	**Pode cerzir isto?**	**po**deu seur**zir** **ich**tou
Ce n'est pas à moi.	**Isto não é meu.**	**ich**tou nœ̃^{ou} è **mé**^{ou}
Il manque quelque chose.	**Falta uma peça.**	**fal**tœ **ou**mœ **pè**ssœ
Il y a un trou dans ceci.	**Isto tem um buraco.**	**ich**tou tœ̃^{y} ũ bou**ra**kou
Mon linge est-il prêt?	**A minha roupa está pronta?**	œ **mi**gnœ **rô**pœ ɨ**chta** **prõ**tœ

Bureau de tabac

Comme partout, on achète les cigarettes dans les bureaux de tabac *(tabacaria),* les kiosques à journaux, les bars, les hôtels, etc. Les marques étrangères étant fortement taxées, leurs prix sont forcément élevés.

Je voudrais...	**Queria...**	keuriœ
allumettes	**fósforos**	**foch**fourouch
blague à tabac	**uma bolsa de tabaco**	**ou**mœ **bôl**sœ deu tœ**ba**kou
boîte de cigares	**uma caixa de charutos**	**ou**mœ **kaï**chœ deu chœ**rou**touch
briquet	**um isqueiro**	õũ **ichkœʸrou**
de l'essence/gaz	**gasolina/gás**	gœzou**li**nœ/gach
pour le briquet	**para isqueiro**	**pœ**rœ **ichkœʸ**rou
recharge de briquet	**uma carga para isqueiro**	**ou**mœ **kar**gœ **pœ**rœ **ichkœʸ**rou
cigare	**um charuto**	õũ chœ**rou**tou
cigarettes mentholées	**cigarros mentolados**	si**gar**rouch mẽtou**la**douch
étui à cigarettes	**uma cigarreira**	**ou**mœ sigœ**rrœʸ**rœ
fume-cigarette	**uma boquilha**	**ou**mœ bou**ki**lyœ
mèche	**uma mecha**	**ou**mœ **mè**chœ
paquet de cigarettes	**um maço de cigarros**	õũ **ma**ssou deu si**gar**rouch
pierres à briquet	**uma pedras de isqueiro**	**ou**mœch **pè**drœch deu **ichkœʸ**rou
pipe	**um cachimbo**	õũ kœ**chĩ**bou
nettoie-pipe	**um limpa--cachimbos**	õũ **lĩ**pœ kœ**chĩ**bouch
tabac à chiquer	**tabaco [fumo] de mascar**	tœ**ba**kou [**fou**mô] deu mœ**chkar**
tabac à priser	**rapé**	rœ**pè**
tabac pour la pipe	**tabaco de cachimbo**	tœ**ba**kou deu kœ**chĩ**bou

avec filtre	**com filtro**	kõ **fil**trou
sans filtre	**sem filtro**	sœ̃ʸ **fil**trou
long format	**extra-longos**	œʸchtrœ **lõ**gouch

Camping

Voici quelques articles dont vous pourriez avoir besoin:

Je voudrais...	**Queria...**	keuriœ
alcool méthylique	**álcool desnaturado**	**al**kol dɨchnœtou**ra**dou
allumettes	**fósforos**	**foch**fourouch
attirail de pêche	**apetrechos de pesca**	œpeu**trœ**ʸchouch deu **pèch**kœ
bougies	**umas velas**	**ou**mœch **vè**lœch
bouilloire	**uma chaleira**	**ou**mœ chal**œ**ʸrœ
boussole	**uma bússola**	**ou**mœ **bou**ssoulœ
casserole	**um tacho**	õu **ta**chou
chaise	**uma cadeira**	**ou**mœ kœ**dœ**ʸrœ
chaise longue	**cadeira de repouso**	kœ**dœ**ʸrœ deu reu**pô**zou
chaise pliable	**cadeira de fechar**	kœ**dœ**ʸrœ deu feu**char**
ciseaux	**uma tesoura**	**ou**mœ teu**zô**rœ
corde	**uma corda**	**ou**mœ **kor**dœ
couteau de poche	**um canivete**	õu kœni**vè**teu
couverts	**uns talheres**	õuch tœ**lyè**reuch
gaz butane	**gás Butano**	gach bou**tœ**nou
hache	**um machado**	õu mœ**cha**dou
hamac	**uma cama de rede [rede]**	**ou**mœ **kœ**mœ deu **ré**deu [**ré**dɨ]
lampe	**uma lâmpada**	**ou**mœ **lœ̃**pœdœ
lampe de poche	**uma pilha eléctrica [lanterna]**	**ou**mœ pilyœ ɨ**lè**trikœ [lœ̃**tèr**na]
lanterne	**uma lanterna**	**ou**mœ lœ̃**tèr**nœ
lit de camp	**uma cama de campismo [camping]**	**ou**mœ **kœ**mœ deu kœ**pij**mou [**kœ̃**pĩg]
marteau	**um martelo**	õu mœr**tè**lou
mât de tente	**um mastro de tenda**	õu **mach**trou deu **tẽ**dœ
matelas	**um colchão**	õu kôl**chœ̃**ᵒᵘ
moustiquaire	**uma rede mosquiteira [um mosquiteiro]**	**ou**mœ **ré**deu mouchki**tœ**ʸrœ [õu môski**tœ**ʸrô]
ouvre-boîte	**um abre-latas**	õu abreu **la**tœch
ouvre-bouteille	**um abre-garrafas [abridor de garrafas]**	õu abreu gœ**rra**fœch [abri**dôr** dɨ gar**ra**fass]
panier à pique-nique	**um cesto para pique-nique**	õu **séch**tou pœrœ piknik

pétrole	**petróleo [querosene]**	peutrolyou [kérôssénɨ]
piquet de tente	**uma estaca**	oumœ ɨchtakœ
poêle à frire	**uma frigideira**	oumœ frɨjidœʸrœ
réchaud	**um fogão**	õu fougœ̃ᵒᵘ
réchaud à pétrole	**fogão de petróleo**	fougœ̃ᵒᵘ deu peutrolyou
sac à glace	**um saco para gelo**	õu sakou pœrœ jélou
sac de couchage	**um saco de dormir**	õu sakou deu dourmir
seau	**um balde**	õu baldeu
table	**uma mesa**	oumœ mézœ
table pliante	**mesa de fechar**	mézœ deu feuchar
tente	**uma tenda**	oumœ tẽdœ
thermos	**uma garrafa termos**	oumœ gœrrafœ tèrmouch
tire-bouchon	**um saca-rolhas**	õu sakœ rôlyœch
tourne-vis	**uma chave de parafusos**	oumœ chaveu deu pœrœfouzouch
trousse de premiers secours	**uma farmácia portátil**	oumœ fœrmassyœ pourtatil
vache à eau	**uma vasilha para a água**	oumœ vœzilyœ pœrœ œ agᵒᵘœ
vaisselle	**louça**	lôssœ

Vaisselle

assiettes	**uns pratos**	õuch pratouch
boîte à vivres	**uma caixa para provisões**	oumœ kaïchœ pœrœ prouvizõʸch
gobelets	**umas canecas**	oumœch kœnèkœch
tasses	**uma chávenas [xícaras]**	oumœch chaveunœch [chikarass]

Couverts

couteaux	**umas facas**	oumœch fakœch
cuillers	**umas colheres**	oumœch koulyèreuch
fourchettes	**uns garfos**	õuch garfouch

Coiffeur pour dames – Salon de beauté

Y a-t-il un salon de coiffure à l'hôtel?	**Há um cabeleireiro no hotel?**	a õũ kœbeulœyrœyrou nou otèl
Je voudrais une coupe et mise en plis.	**Queria um corte e mise [penteado].**	keuriœ õũ korteu i mizeu [pẽtyadô]

frange	**com uma franja**	kõ oumœ frœ̃jœ
coupe page	**estilo pagem**	ɨchtilou pajœ̃y
coupe au rasoir	**um corte à navalha**	õũ korteu a nœvalyœ
nouvelle coiffure	**um novo penteado**	õũ nôvou pẽtyadou
ondulé	**com ondas [cachos]**	kõ õdœch [kachôss]
chignon bas	**num carrapicho [coque]**	nõũ kœrrœpichou [kokɨ]

Je voudrais...	**Queria...**	keuriœ
coloration	**uma pintura do cabelo [tintura]**	oumœ pĩtourœ dou kœbélou [tĩtoura]
décoloration	**aloirar o cabelo**	œloïrar ou kœbélou
permanente	**uma permanente**	oumœ peurmœnẽteu
retouche	**um retoque**	õũ retokeu
shampooing colorant	**uma rinsage**	oumœ rœ̃ssajeu
shampooing et mise en plis	**lavar e mise [lavar e pentear]**	lœvar i mizeu [lavar i pẽtyar]
teinture	**pintar o cabelo**	pĩtar ou kœbélou
même couleur	**a mesma cor**	œ méjmœ kôr
nuance plus foncée	**uma cor mais escura**	oumœ kôr maïch ɨchkourœ
nuance plus claire	**uma cor mais clara**	oumœ kôr maïch klarœ
châtain roux/blond/brun	**castanho dourado/louro/castanho**	kœchtœgnou dôradou/lôrou/kœchtœgnou
Avez-vous une échelle des couleurs?	**Tem um mostruário [mostrador] das tintas?**	tœ̃y õũ mouchtrouaryou [môstradôr] dœch tĩtœch
Je voudrais un/une...	**Quero fazer uma...**	kèrou fœzér oumœ
manucure/pédicure	**manicura/pedicura***	manikourœ/pèdikourœ
masque	**máscara à cara**	machkœrœ a karœ

* Au Brésil, on dit plutôt: **fazer as mãos/fazer os pés** (fazér ass mœ̃ouss/fazér ôss pèss).

POUR LES POURBOIRES, voir page 1

Coiffeur pour messieurs

Je suis pressé.	**Tenho pressa [Estou com pressa].**	**tœ̃y**gnou **prè**ssœ [ɨ**stô** kõ **prè**ssa]
Une coupe, s'il vous plaît.	**Quero um corte de cabelo, faz favor.**	**kè**rou õu **kor**teu deu kœ**bé**lou fach fœ**vôr**
Pourriez-vous me raser?	**Faça-me a barba.**	**fa**ssœ meu œ **bar**bœ
Pas trop court.	**Não corte muito curto.**	**nœ̃ou kor**teu **mõuy**tou **kour**tou
Seulement avec les ciseaux, je vous prie.	**Só à tesoura, por favor.**	so a teu**zô**rœ pour fœ**vôr**
Une coupe au rasoir, s'il vous plaît.	**Um corte à navalha, por favor.**	õu **kor**teu a nœ**va**lyœ pour fœ**vôr**
Ne passez pas la tondeuse, s.v.p.	**Não corte com a máquina, por favor.**	**nœ̃ou kor**teu kõ œ **ma**kinœ pour fœ**vôr**
C'est pour rafraîchir.	**É só para aparar.**	è so **pœ**rœ œpœ**rar**
C'est assez court.	**É suficiente.**	è soufɨ**ssyẽ**teu
Coupez encore un peu...	**Corte mais um bocado.**	**kor**teu **maich** õu bou**ka**dou
en arrière	**atrás**	œ**trach**
dans la nuque	**na nuca**	nœ **nou**kœ
sur les côtés	**dos lados**	douch **la**douch
dessus	**em cima**	œ̃y **si**mœ
Pas de brillantine, s'il vous plaît.	**Não ponha brilhantina, por favor.**	**nœ̃ou pô**gnœ brilyœ̃**ti**nœ pour fœ**vôr**
Voulez-vous, je vous prie, me rafraîchir...?	**Pode aparar-me...?**	**po**deu œpœ**rar** meu
la barbe	**a barba**	œ **bar**bœ
la moustache	**o bigode**	ou bi**go**deu
les favoris	**as patilhas [as suíças]**	œch pœ**ti**lyœch [ass sou**i**ssass]
Merci. C'est très bien.	**Obrigado. Está óptimo.**	ôbri**ga**dou. ɨ**chta o**timou
Combien vous dois-je?	**Quanto lhe devo?**	**kouœ̃**tou lyeu **dé**vou
Voici pour vous.	**É para si.**	è **pœ**rœ si

POUR LES POURBOIRES, voir page 1

Habillement

Si vous désirez acheter quelque chose de précis, mieux vaut préparer votre achat en consultant la liste des vêtements, page 120. Réfléchissez à la couleur, au tissu et à la taille que vous désirez. Puis reportez-vous aux pages suivantes.

Généralités

Je voudrais...	**Queria...**	keu**ri**œ
Je voudrais... pour un garçon/une fille de 10 ans.	**Quero... para um menino/uma menina de 10 anos.**	**kè**rou...**pœ**rœ õu meu**ni**nou/**ou**mœ meu**ni**nœ deu 10 **œ**nouch
Je voudrais quelque chose comme ceci.	**Quero qualquer coisa neste género.**	**kè**rou k^{ou}al**kèr** **koï**zœ **néch**teu **jè**neurou
Celle/Celui de la vitrine me plaît.	**Gosto do que está na montra [vitrine].**	**goch**tou dou keu ɨ**chta** nœ **mõ**trœ [vi**tri**nɨ]
Combien vaut le mètre?	**A como [quanto] é o metro?**	œ **kô**mou [**k^{ou}œ̃**tôu] è ou **mè**trou

1 centimètre	**1 centímetro**	1 sẽ**ti**meutrou
½ mètre	**meio metro**	**mœ**^{y}ou **mè**trou
10 mètres	**10 metros**	10 **mè**trouch

Couleur

Je désire quelque chose en...	**Quero qualquer coisa em...**	**kè**rou k^{ou}al**kèr** **koï**zœ œ̃^{y}
Je voudrais une nuance plus foncée.	**Queria um tom mais escuro.**	keu**ri**œ õu tõ maïch ɨch**kou**rou
Je voudrais quelque chose qui aille avec ceci.	**Quero uma coisa que condiga com isto.***	**kè**rou **ou**mœ **koï**zœ keu kõ**di**gœ kõ **ich**tou
Je n'aime pas la couleur.	**Não gosto da cor.**	nœ̃^{ou} **goch**tou dœ **kôr**

* Au Brésil: ... **que combine com isto** (kɨ kõ**bi**nɨ kõ **is**tô).

POUR LES NOMBRES, voir page 175

argent	**prateado**	prœtyadou
beige	**beige**	bèjeu
blanc	**branco**	brœ̃kou
bleu	**azul**	œzoul
brun	**castanho [marrom]**	kœchtœgnou [marrõ]
crème	**creme**	krèmeu
doré	**dourado**	dôradou
fauve	**castanho claro**	kœchtœgnou klarou
gris	**cinzento**	sĩzẽtou
jaune	**amarelo**	œmœrèlou
mauve	**roxo**	rôchou
noir	**preto**	prétou
orange	**cor-de-laranja**	kôr deu lœrœ̃jœ
pourpre	**púrpura**	pourpourœ
rose	**cor-de-rosa**	kôr deu rozœ
rouge	**encarnado [vermelho]**	ẽkœrnadou [vèrmœ^{y}lyô]
vert	**verde**	vérdeu
vert émeraude	**esmeralda**	ɨjmeuraldœ

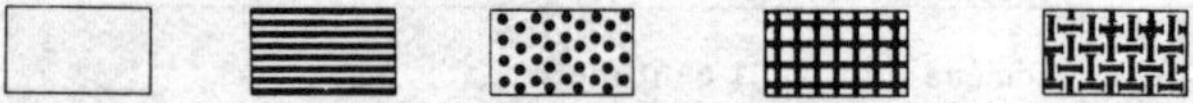

liso	**às riscas**	**às bolas**	**aos quadrados**	**estampado**
(lizou)	(ach richkœch)	(ach bolœch)	(a^{ou}ch k^{ou}œdradouch)	(ɨchtœ̃padou)

Tissus

Avez-vous quelque chose en...?	**Tem alguma coisa em...?**	tœ̃^{y} algoumœ koïzœ œ̃^{y}
Est-ce...?	**É...?**	è
fabriqué ici	**feito aqui**	fœ^{y}tou œki
fait à la main	**feito à mão**	fœ^{y}tou a mœ̃^{ou}
importé	**importado**	ĩpourtadou
Je voudrais quelque chose de plus fin.	**Quero uma coisa mais fina.**	kèrou oumœ koïzœ maïch finœ
Avez-vous une meilleure qualité?	**Tem melhor qualidade?**	tœ̃^{y} mɨlyor k^{ou}œlidadeu
En quoi est-ce?	**De que é feito?**	deu keu è fœ^{y}tou

Ce peut être en...

batiste	**cambraia**	kœ̃braïœ
chiffon	**chiffon**	chifõ
coton	**algodão**	algoudœ̃^{ou}
crêpe	**crepe**	krèpeu
cuir	**cabedal**	kœbeudal
daim	**camurça**	kœmoursœ
dentelle	**renda**	rẽdœ
feutre	**feltro**	féltrou
flanelle	**flanela**	flœnèlœ
gabardine	**gabardine**	gabardineu
laine	**lã**	lœ̃
peigné	**estambre [worsted]**	ichtœ̃breu [«worsted»]
piqué	**piqué**	pikè
poil de chameau	**pelo de camelo**	pélou deu kœmélou
popeline	**popelina**	popeulinœ
rayonne	**rayon**	«rayon»
satin	**cetim**	seutĩ
serge	**sarja**	sarjœ
serge de coton	**denim**	deunĩ
soie	**seda**	sédœ
taffetas	**tafetá**	tafeuta
tissu bouclé	**turco**	tourkou
toile de lin	**linho**	lignou
tulle	**tule**	touleu
tweed	**lã tweed**	lœ̃ t^{ou}id
velours	**veludo**	veuloudou

La couleur est-elle résistante?	**A cor é resistente?**	œ kôr è reuzichtẽteu
Cela rétrécit-il?	**Encolhe?**	ẽkolyeu
Est-ce infroissable?	**Não se amarrota?**	nœ̃^{ou} seu œmœrrotœ
Faut-il le repasser?	**É preciso passar a ferro?**	è preussizou pœssar œ fèrrou
Peut-on le nettoyer...?	**Pode-se limpar...?**	podeu seu lĩpar
chimiquement	**quimicamente**	kimikœmẽteu
à la machine	**à máquina**	a makinœ
à la main	**à mão**	a mœ̃^{ou}

Tailles

Que ce soit pour les vêtements ou pour les chaussures, les tailles au Portugal et au Brésil correspondent plus ou moins aux mensurations françaises. Cependant, à l'intérieur même d'un pays, les grandeurs peuvent varier suivant la fabrique ou le modèle. Demandez qu'on prenne vos mesures ou essayez directement le vêtement.

J'ai la taille 38.	**Tenho o tamanho 38.**	tœ^y^gnou ou tœmœgnou 38
Pouvez-vous prendre mes mesures?	**Pode tirar-me as medidas?**	podeu tirar meu œch meudidœch
Je ne connais pas les tailles portugaises/brésiliennes.	**Não conheço as medidas portuguesas/brasileiras.**	nœ̃^ou^ kougnéssou œch meudidœch pourtou-ghézœch/brazilœ^y^rass

Un bon essayage

Puis-je l'essayer?	**Posso prová-lo/la?**	possou prouva lou/lœ
Où est la cabine d'essayage?	**Onde é a cabina de provas?**	õdeu è œ kabinœ deu provœch
Y a-t-il un miroir?	**Tem um espelho?**	tœ̃^y^ ou ɨchpœ^y^lyou
Ça va?	**Está [Fica] bem?**	ɨchta [fika] bœ̃^y^
Cela vous va très bien.	**Está-lhe [Fica] muito bem.**	ɨchta lyeu [fika] mõũ^y^tou bœ̃^y^
Cela ne tombe pas bien.	**Não assenta bem.**	nœ̃^ou^ œssẽtœ bœ̃^y^
C'est trop...	**É muito...**	è mõũ^y^tou
ample	**largo**	largou
court	**curto**	kourtou
long	**comprido**	kõpridou
serré	**apertado**	œpeurtadou
Combien de temps prendra la retouche?	**Quanto tempo leva para modificar?**	k^ou^œ̃tou tẽpou lèvœ pœrœ moudɨfikar
Je le voudrais dès que possible.	**Gostava de o ter o mais depressa possível.**	gouchtavœ deu ou tér ou maïch deuprèssœ poussivèl

POUR LES NOMBRES, voir page 175

Chaussures

Je voudrais une paire de...	**Quero um par de...**	kèrou õu par deu
chaussures/sandales bottes/pantoufles	**sapatos/sandálias botas/chinelas**	sœpatouch/sœ̃dalyœch botœch/chinèlœch
Je les voudrais en...	**Gostava deles/ delas em...**	gouchtavœ déleuch/ dèlœch œ̃y
caoutchouc/cuir daim/tissu	**borracha/cabedal camurça/pano**	bourrachœ/kœbeudal kœmoursœ/pœnou
Ceux-ci/Celles-ci sont trop...	**Estes/Estas estão muito**	échteuch/èchtœch ɨchtœ̃ou mõuytou
étroit(e)s/larges	**apertado(a)s/ largo(a)s**	œpeurtadou(œ)ch/ largou(œ)ch/
grand(e)s/petit(e)s	**grandes/ pequeno(a)s**	grœ̃deuch/peukénou(œ)ch
Avez-vous une pointure plus grande?	**Tem um tamanho maior.**	tœ̃y õu tœmœgnou mœyor
Je voudrais une pointure plus petite.	**Quero um tamanho mais pequeno**	kèrou õu tœmœgnou maïch peukénou [ménor]
Avez-vous les mêmes en...?	**Tem os mesmos em...?**	tœ̃y ouch méjmouch œ̃y
blanc/brun/noir	**branco/castanho [marrom]/preto**	brœ̃kou/kœchtœgnou [«marron»]/prétou
Est-ce du cuir véritable?	**É cabedal verdadeiro?**	è kœbeudal verdœdœyrou
Je voudrais...	**Queria...**	keuriœ
du cirage des lacets de chaussures	**graxa atacadores de sapatos**	grachœ œtœkœdôreuch deu sœpatouch

Vos chaussures sont-elles usées? Voici le moyen de les faire réparer:

Pouvez-vous réparer ces chaussures?	**Pode consertar estes sapatos?**	podeu kõsseurtar échteuch sœpatouch
Je voudrais que vous changiez les semelles et les talons.	**Queria solas novas e saltos [tacões].**	keuriœ solœch novœch i saltouch [takõyss]
Quand seront-elles prêtes?	**Quando estão [estarão] prontos?**	kouœ̃dou ɨchtœ̃ou [ɨstarœ̃ou] prõtouch

Vêtements et accessoires

Je voudrais...	**Queria...**	keuriœ
bas	**um par de meias**	õu par deu mœ^{v}œch
blazer	**um casaco desportivo [blazer]**	õu kœzakou dɨchpourtivou [blazèr]
blouse	**uma blusa**	oumœ blouzœ
blouson de sport	**um blusão**	õu blouzœ̃^{ou}
bonnet	**um boné**	õu bonè
bonnet de bain	**uma touca de banho**	oumœ tôkœ deu bœgnou
bretelles	**uns suspensórios**	õuch souchpẽssoryouch
caleçons	**umas cuecas**	ou mœch k^{ou}èkœch
casquette	**um gorro**	õu gôrrou
chandail	**uma camisola [suéter]**	oumœ kœmizolœ [s^{ou}ètèr]
chapeau	**um chapéu**	õu chœpè^{ou}
chaussettes	**umas peúgas**	oumœch pyougœch
chaussures	**uns sapatos**	õuch sœpatouch
de gymnastique	**de ginástica**	deu jinachtikœ
de tennis	**de ténis**	deu tènich
chemise/chemisier	**uma camisa/blusa**	oumœ kœmizœ/blouzœ
chemise de nuit	**uma camisa de noite [camisola]**	oumœ kœmizœ deu noïteu [kamizola]
collant	**umas meias-calça**	oumœch mœ^{v}œch kalsœ
combinaison	**uma combinação**	oumœ kõbinœssœ̃^{ou}
complet	**um fato de homem**	õu fatou deu omœ̃^{y}
cravate	**uma gravata**	oumœ grœvatœ
écharpe	**um cachecol**	õu kacheukol
ensemble	**um fato**	õu fatou
foulard	**um lenço de pescoço**	õu lẽssou deu pɨchkôssou
gaine	**uma cinta**	oumœ sĩtœ
gaine-culotte	**uma cinta-calça**	oumœ sĩtœ kalsœ
gants	**um par de luvas**	õu par deu louvœch
gilet	**um colete**	õu kouléteu
jarretelles	**umas ligas**	oumœch ligœch
jeans	**um par de jeans**	õu par deu «jeans»
jupe	**uma saia**	oumœ saïœ
maillot de bain	**um fato [maiô] de banho**	õu fatou [maïô] deu bœgnou
manteau	**um casaco comprido**	õu kœzakou kõpridou
manteau de pluie	**um impermeável [uma capa de chuva]**	õu ĩpeurmyavèl [ouma kapa dɨ chouva]

mouchoir	**um lenço**	õu **lẽ**ssou
nœud papillon	**um laço**	õu **la**ssou
pantalon	**um par de calças**	õu par deu **kal**sœch
pantoufles	**umas chinelas**	**ou**mœch chi**nè**lœch
peignoir de bain	**um roupão [peignoir] de banho**	õu rô**pœ̃**ou [«peignoir»] deu **bœ**gnou
porte-jarretelles	**um cinto de ligas**	õu **sĩ**tou deu **li**gœch
pullover	**um pulover**	õu pou**lo**vèr
pyjama	**um pijama**	õu p**ɨjœ**mœ
robe	**um vestido**	õu veu**chti**dou
robe de chambre	**um robe [peignoir]**	õu **ro**beu [«peignoir»]
robe du soir	**um vestido de noite**	õu veu**chti**dou deu **noï**teu
salopettes	**um fato-macaco***	õu **fa**tou mœ**ka**kou
shorts	**uns calções**	õuch kal**sõ**ʸ**ch**
slip (de femme)	**um par de cuecas [calcinhas]**	õu par deu **k**ou**è**kœch [kal**si**gnass]
smoking	**um smoking**	õu **smo**kĩg
soutien-gorge	**um soutien**	õu «soutien»
veston	**um casaco**	õu kœ**za**kou

bouton	**o botão**	ou bou**tœ̃**ou
ceinture	**o cinto**	ou **sĩ**tou
col	**o colarinho**	ou koulœ**ri**gnou
fermeture éclair	**o fecho de correr [zip]**	ou **fœ**ʸchou deu kou**rrér** [zip]
lacets de chaussures	**os atacadores de sapatos**	ouch œtœkœ**dô**reuch deu sœ**pa**touch
manchettes	**os punhos**	ouch **pou**gnouch

* Au Brésil: **macacão** (maka**kœ̃**ou).

GUIDE DES ACHATS

Librairie – Papeterie – Journaux

Au Portugal et au Brésil, les librairies et les papeteries sont généralement séparées, bien que ces dernières vendent souvent des livres de poche. Les quotidiens et les périodiques sont vendus dans les kiosques.

Où est le/la... le/la plus proche?	**Onde fica... mais próximo/próxima?**	õdeu **fi**kœ ...**maïch** **pro**ssimou/**pro**ssimœ
kiosque à journaux	**o quiosque [a banca] de jornais**	ou **kyoch**keu [a **bœ̃**ka] deu jour**naïch**
librairie	**a livraria**	œ livrœ**ri**œ
papeterie	**a papelaria**	œ pœpeulœ**ri**œ
Où puis-je acheter un journal français/ belge/suisse?	**Onde posso comprar um jornal francês/belga/ suíço?**	**õ**deu **po**ssou kõ**prar** õu jour**nal** frœ̃**sséch**/**bèl**gœ/**s**^{ou}**i**ssou
Je voudrais acheter...	**Queria comprar...**	keuriœ kõ**prar**
bloc-notes	**um caderno de apontamentos**	õu kœ**dèr**nou deu œpõtœ**mẽ**touch
boîte de peinture	**uma caixa de tintas**	**ou**mœ **kaï**chœ deu **tĩ**tœch
cahier	**um caderno**	õu kœ**dèr**nou
carnet d'adresses	**um livro de [caderninho de] endereços**	õu **li**vrou deu [kadèr**ni**gnô dɨ] ẽdeu**ré**ssouch
carte géographique	**um mapa**	õu **ma**pœ
de la ville	**da cidade**	dœ si**da**deu
carte routière de...	**das estradas de...**	dœch ɨch**tra**dœch deu
cartes à jouer	**umas cartas de jogar**	**ou**mœch **kar**tœch deu jou**gar**
cartes postales	**uns postais ilustrados**	õuch pouch**taïch** ilouch**tra**douch
classeur	**um arquivo**	õu œr**ki**vou
colle	**cola**	**ko**lœ
craies	**giz**	jich
crayon	**um lápis**	õu **la**pɨch
dictionnaire	**um dicionário**	õu dissyou**na**ryou
portugais-français	**portugês-francês**	pourtou**ghéch**-frœ̃**sséch**
enveloppes	**envelopes**	ẽveu**lo**peuch
étiquettes	**etiquetas**	ɨ**ti**ké**tœch**
ficelle	**cordel [barbante]**	kour**dèl** [bar**bœ̃**tɨ]
gomme	**uma borracha**	**ou**mœ bou**rra**chœ
grammaire	**uma gramática**	**ou**mœ grœ**ma**tikœ
guide (livre)	**um guia**	õu **ghi**œ

journal français	**um jornal francês**	õu jour**nal** frœ̃**sséch**
livre	**um livro**	õu **li**vrou
livre de poche	**livro de bolso**	livrou deu **bôl**sou
papier à dessin	**papel de desenho**	pœ**pèl** deu deu**zœ**^{y}gnou
papier à écrire	**um bloco de escrever**	õu **blo**kou deu ɨchkreu**vér**
papier à esquisses	**um bloco de desenho**	õu **blo**kou deu deu**zœ**^{y}gnou
papier à lettres	**papel de carta**	pœ**pèl** deu **kar**tœ
papier à machine	**papel de máquina**	pœ**pèl** de **ma**kinœ
papier calque	**papel milimétrico**	pœ**pèl** mɨli**mè**trikou
papier carbone	**papel químico**	pœ**pèl** **ki**mikou
papier d'emballage	**papel de embrulho**	pœ**pèl** deu ẽ**brou**lyou
papier de soie	**papel de seda**	pœ**pèl** deu **sé**dœ
punaises	**pioneses**	pyou**nè**zeuch
recharge (pour stylo)	**uma carga**	**ou**mœ **kar**gœ
règle	**uma régua**	**ou**mœ **rè**g^{ou}œ
revue	**uma revista**	**ou**mœ reu**vich**tœ
ruban de machine à écrire	**fita para máquina de escrever**	fitœ pœrœ **ma**kinœ deu ɨchkreu**vér**
serviettes en papier	**guardanapos de papel**	g^{ou}œrdœ**na**pouch deu pœ**pèl**
stylo	**uma caneta**	**ou**mœ kœ**né**tœ
stylo à bille	**uma esferográfica**	**ou**mœ ɨchfèro**gra**fikœ
stylo à réservoir	**uma caneta de tinta permanente**	**ou**mœ kœ**né**tœ deu **tĩ**tœ peurmœ**nẽ**teu
taille-crayon	**um apara-lápis**	õu œparœ **la**pich
Où est le rayon des guides de voyage?	**Onde estão os guias?**	**õ**deu ɨ**chtœ̃**^{ou} ouch **ghi**œch
Où se trouvent les livres en français?	**Onde estão os livros franceses?**	**õ**deu ɨ**chtœ̃**^{ou} ouch **li**vrouch frœ̃**ssé**zeuch

Voici quelques écrivains portugais et brésiliens contemporains dont les livres ont été traduits en français:

Jorge Amado (Brés.)
Ferreira de Castro
Clarice Lispector (Brés.)
Fernando Pessoa
Graciliano Ramos (Brés.)
Guimarães Rosa (Brés.)
José Mauro de Vasconcelos
Gil Vicente

Pharmacie – Droguerie

Les pharmacies portugaises ne vendent que des médicaments. Vous trouverez parfums, cosmétiques et articles de toilette dans une *perfumaria* (peurfoumœ**ri**œ).

Pour vous permettre une lecture plus aisée, nous avons divisé ce chapitre en deux parties:

1. Pharmacie – médicaments, premiers soins, etc.
2. Articles de toilette, produits de beauté.

Généralités

Où est la pharmacie (de garde) la plus proche?	**Onde fica a farmácia (de serviço) mais próxima?**	õdeu **fi**kœ œ fœr**ma**ssyœ (deu seur**vi**ssou) maïch **pro**ssimœ
A quelle heure ouvre/ferme la pharmacie?	**A que horas abre/fecha a farmácia?**	œ keu **o**rœch **a**breu/**fœ**ʸchœ œ fœr**ma**ssyœ

1. Pharmacie

Je voudrais quelque chose contre...	**Quero qualquer coisa para...**	**kè**rou kᵒᵘal**kèr** **koï**zœ **pœ**rœ
coups de soleil	**a insolação**	œ ĩssoulœ**ssœ̃ᵒᵘ**
«gueule de bois»	**o mal-estar devido ao excesso de bebida [a ressaca]**	ou mal ɨch**tar** deu**vi**dou aᵒᵘ œʸch**sè**ssou deu beu**bi**dœ [a rés**sa**ka]
mal de voyage	**enjoo de viagem**	ẽ**jô**ou deu **vya**jœ̃ʸ
maux d'estomac	**indisposição de estômago**	ĩdɨchpouzi**ssœ̃ᵒᵘ** deu ɨch**tô**mœgou
rhume	**a constipação [o resfriado]**	œ kõchtipœ**ssœ̃ᵒᵘ** [ô rés**frya**dô]
rhume des foins	**a febre-dos-fenos**	œ **fè**breu douch **fé**nouch
toux	**a tosse**	œ **to**sseu
Pouvez-vous exécuter cette ordonnance?	**Pode aviar [avaliar] esta receita?**	**po**deu œ**vyar** [ava**lyar**] **èch**tœ reu**ssœʸ**tœ
Faut-il attendre?	**Tenho de [que] esperar?**	**tœʸ**gnou deu [kɨ] ɨchpeu**rar**
Quand dois-je repasser?	**A que horas devo voltar?**	œ keu **o**rœch **dé**vou **vôl**tar

POUR LE MÉDECIN, voir page 162

Puis-je l'obtenir sans ordonnance?	**É preciso receita médica?**	è preu**ssi**zou reu**ssœ**ʸtœ **mè**dikœ
Puis-je avoir...?	**Pode dar-me...?**	**po**deu dar meu
aspirines	**umas aspirinas**	**ou**mœch œchpi**ri**nœch
bandage	**uma ligadura [atadura]**	**ou**mœ ligœ**dou**rœ [ata**dou**ra]
contraceptifs	**contraceptivos**	kõtrœssè**ti**vouch
coricide	**um calicida**	õu kœli**ssi**dœ
désinfectant	**um desinfectante**	õu deuzĩfè**tœ̃**teu
gargarisme	**um gargarejo**	õu gœrgœ**rœ**ʸjou
gaze	**gaze**	**ga**zeu
gouttes pour les oreilles	**gotas para os ouvidos**	**gô**tœch **pœ**rœ ouch ô**vi**douch
gouttes pour les yeux	**gotas para os olhos**	**gô**tœch **pœ**rœ ouch **o**lyouch
insecticide	**uma loção contra os insectos**	**ou**mœ lou**ssœ̃**ᵒᵘ **kõ**trœ ouch ĩ**ssè**touch
laxatif	**um laxativo**	õu lœchœ**ti**vou
ouate	**algodão**	algou**dœ̃**ᵒᵘ
pansements adhésifs	**uns pensos [bandaids]**	õuch **pẽ**ssouch [**bœ̃**dœʸ**dss**]
pastilles pour la gorge	**pastilhas para a garganta**	pœch**ti**lyœch **pœ**rœ œ gœr**gœ̃**tœ
pilules pour diabétiques	**pastilhas para diabéticos**	pœch**ti**lyœch **pœ**rœ dyœ**bè**tikouch
pilules pour l'estomac	**pastilhas para o estômago**	pœch**ti**lyœch **pœ**rœ ou ɨch**tô**mœgou
pommade antiseptique	**uma pomada anti-séptica**	**ou**mœ pou**ma**dœ **œ̃**ti **sè**tikœ
serviettes hygiéniques	**pensos higiénicos**	**pẽ**ssouch ijy**è**nikouch
sirop contre la toux	**xarope para a tosse**	chœ**ro**peu **pœ**rœ œ **to**sseu
somnifères	**uns soníferos**	õuch sou**ni**feurouch
sparadrap	**adesivo [esparadrapo]**	œdeu**zi**vou [ɨsparadra**pô**]
teinture d'iode	**tintura de iodo**	tĩ**tou**rœ deu **yô**dou
tranquillisant	**um calmante**	õu kal**mœ̃**teu

VENENO	POISON
USO EXTERNO	USAGE EXTERNE SEULEMENT

2. Articles de toilette

Je voudrais...	**Queria...**	keu**ri**œ
astringent	**um adstringente**	õu œdchtri**jẽ**teu
beurre de cacao	**manteiga de cacau**	mœ̃**tœʸ**gœ deu kœ**ka**ᵒᵘ
blaireau	**um pincel para a barba**	õu pĩ**ssèl** **pœ**rœ œ **bar**bœ
brosse à dents	**uma escova de dentes**	**ou**mœ ɨch**kô**vœ deu **dẽ**teuch
ciseaux à ongles	**uma tesoura de unhas**	**ou**mœ teu**zô**rœ deu **ou**gnœch
coupe-ongles	**um corta-unhas**	õu **kor**tœ **ou**gnœch
crayon pour les yeux	**um lápis para os olhos**	õu **la**pɨch **pœ**rœ ouch **o**lyouch
crème	**um creme**	õu **krè**meu
contre l'acné	**contra a acne**	**kõ**trœ œ **ak**neu
pour les cuticules	**para as cutículas**	**pœ**rœ œch kou**ti**koulœch
de base	**de base**	deu **ba**zeu
hydratante	**hidratante**	idrœ**tœ̃**teu
pour les mains	**para as mãos**	**pœ**rœ œch **mœ̃**ᵒᵘch
de nuit	**de noite**	deu **noï**teu
pour les pieds	**para os pés**	**pœ**rœ ouch **pèch**
à raser	**para a barba**	**pœ**rœ œ **bar**bœ
solaire	**para bronzear**	**pœ**rœ brõ**zyar**
désodorisant	**um desodorizante [desodorante]**	õu deuzoudouri**zœ̃**teu [dézôdô**rœ̃**tɨ]
dissolvant	**acetona [removedor de esmalte]**	œsseu**tô**nœ [rémôvé**dôr** dɨ ɨ**smal**tɨ]
eau de Cologne	**água de colónia**	**ag**ᵒᵘœ deu kou**lo**nyœ
épingles de sûreté	**uns alfinetes de segurança**	õuch alfi**né**teuch deu seugou**rœ̃**ssœ
eye liner	**«eye liner»**	aï **laï**nœr
fard à paupières	**uma sombra para os olhos**	**ou**mœ **sõ**brœ **pœ**rœ ouch **o**lyouch
lait démaquillant	**leite de limpeza**	**lœʸ**teu deu lĩ**pé**zœ
lime à ongles	**uma lima [lixa] de unhas**	**ou**mœ **li**mœ [**li**cha] deu **ou**gnœch
lotion après-rasage	**uma loção para depois da barba**	**ou**mœ lou**ssœ̃**ᵒᵘ **pœ**rœ deu**poïch** dœ **bar**bœ
mascara	**rímel**	**ri**mèl
mouchoirs en papier	**lenços de papel**	**lẽ**ssouch deu pœ**pèl**
papier d'émeri	**uma lima de cartão [lixa de unhas]**	**ou**mœ **li**mœ deu kœr**tœ̃**ᵒᵘ [**li**cha dɨ **ou**gnass]
papier hygiénique	**papel higiénico**	pœ**pèl** i**jyè**nikou
parfum	**um perfume**	õu peur**fou**meu

GUIDE DES ACHATS

pâte dentifrice	**uma pasta de dentes**	ou**mœ** **pach**tœ deu **dẽ**teuch
pince à épiler	**uma pinça**	ou**mœ** **pĩ**ssœ
pommade pour les lèvres	**pomada para os lábios**	pou**ma**dœ **pœ**rœ ouch **la**byouch
poudre pour le visage	**pó-de-arroz**	po deu œr**rôch**
rouge à lèvres	**um baton**	õu ba**tõ**
savon	**sabonete**	sœbou**né**teu
savon à barbe	**sabão da barba**	sœ**bœ̃**^{ou} dœ **bar**bœ
sels de bain	**sais de banho**	**saïch** deu **bœ**gnou
serviettes démaquillantes	**lenços de tirar a pintura do rosto**	**lẽ**ssouch deu ti**rar** œ pĩ**tou**rœ dou **rôch**tou
shampooing	**um champô [shampoo]**	õu chœ̃**pô** [chœ̃**pou**]
talc	**pó de talco [talco]**	po deu **tal**kou [**tal**kô]
vernis à ongles	**um verniz [esmalte] para unhas**	õu veur**nich** [ɨs**mal**tɨ] **pœ**rœ **ou**gnœch

Pour vos cheveux

brosse	**uma escova**	ou**mœ** ɨch**kô**vœ
épingles à cheveux	**uns ganchos**	õuch **gœ̃**chouch
fixatif	**um fixador**	õu fiksœ**dôr**
laque	**laca [laquê]**	**la**kœ [la**ké**]
peigne	**um pente**	õu **pẽ**teu
pinces à cheveux	**umas pinças**	ou**mœch** **pĩ**ssœch
rouleaux	**uns rolos**	õuch **rô**louch
shampooing colorant	**um colorante**	õu koulou**rœ̃**teu
teinture	**tinta**	**tĩ**tœ

Pour votre bébé

aliments en boîte pour bébés	**comida para bébé em lata**	kou**mi**dœ **pœ**rœ bè**bè** œ̃^{v} **la**tœ
bavette	**um babeiro [babador]**	õu bœ**bœ**^{v}rou [baba**dôr**]
couches plastiques	**umas cuecas [calsas] de plástico**	ou**mœch** k^{o}**è**kœch [**kal**sass] deu **plach**tikou
langes	**umas fraldas**	ou**mœch** **fral**dœch
tétine	**uma chupeta**	ou**mœ** chou**pé**tœ

Photographie

Je voudrais un appareil pas trop cher.	**Queria uma máquina fotográfica não muito cara.**	keuri**œ** oum**œ ma**kinœ foutou**gra**fikœ nœ̃^{ou} **mõu^{y}**tou **ka**rœ
Quel est le prix de celui-ci?	**Qual é o preço desta?**	k^{ou}al è ou **pré**ssou **dèch**tœ
Montrez-moi celui qui est dans la vitrine.	**Mostre-me aquela que está na montra [vitrine].**	**moch**treu meu œ**kè**lœ keu ɨ**chta** nœ **mõ**trœ [vi**tri**nɨ]

Films

Les formats des films peuvent différer au Portugal et au Brésil. La meilleure manière de vous en tirer est de montrer au vendeur le film que vous désirez ou encore de le lui désigner à l'aide des phrases ou du tableau suivants:

110 = 13×17	126 = 26×26	135 = 24×36
120 = 6×6	127 = 4×4	620 = 6×6

Je voudrais...	**Queria...**	keuri**œ**
film pour cet appareil	**um rolo [filme] para esta máquina**	õu **rô**lou [**fil**mɨ] pœrœ **èch**tœ **ma**kinœ
film 8 mm	**um filme de oito milímetros**	õu **fil**meu deu **oï**tou mili**meu**trouch
super 8	**super oito**	sou**pèr oï**tou
film 16 mm	**um filme de dezasseis milímetros**	õu **fil**meu deu deuzœ**ssœ^{y}ch** mili**meu**trouch
film couleur	**uma película* a cores**	**ou**mœ peu**li**koulœ œ **kô**reuch
film noir et blanc	**uma pelicula* a preto e branco**	oumœ peu**li**koulœ **pré**tou i **brœ̃**kou
film Polaroid	**uma película* Polaroid**	**ou**mœ peu**li**koulœ polœ**ro^{y}**deu
cartouche	**um cartucho**	õu kœr**tou**chou
20/36 poses	**vinte/trinta e seis fotografias**	**vĩ**teu/**trĩ**tœ i **sœ^{y}ch** foutougrœ**fi**œch

* Au Brésil: **um filme** (õu **fil**mɨ).

POUR LES NOMBRES, voir page 175

sensibilité ASA-DIN	**este número de ASA/DIN**	**éch**teu **nou**meurou deu «ASA/DIN»
film très sensible	**filme de grande sensibilidade**	**fil**meu deu **grœ̃**deu sẽssɨbɨli**da**deu
film à grain fin	**papel de grão fino**	pœ**pèl** deu grœ̃^{ou} **fi**nou
négatifs couleur	**negativos a cores**	neugœ**ti**vouch œ **kô**reuch
diapositives couleur	**slides a cores**	**slaï**deuch œ **kô**reuch
pour lumière artificielle	**para luz artificial**	**pœ**rœ luch œrtɨfi**ssyal**
pour lumière du jour	**para luz do dia**	**pœ**rœ luch dou **di**œ

Développement

Le développement est-il inclus?	**O preço inclui a revelação?**	ou **pré**ssou ĩ**klouy** œ reuveulœ**ssœ̃**^{ou}
Pouvez-vous développer ceci?	**Pode revelar isto?**	**po**deu reuveu**lar ich**tou
Je voudrais... épreuves de chaque négatif.	**Quero...cópias de cada negativo.**	**kè**rou...**ko**pyœch deu **kœ**dœ neugœ**ti**vou
glacé	**fotografias brilhantes**	foutougrœ**fi**œch bri**lyœ̃**teuch
mat	**fotografias baças, opacas**	foutougrœ**fi**œch **ba**ssœch ô**pa**kœch
cette dimension-ci	**deste tamanho**	**déch**teu tœ**mœ**gnou
Veuillez en faire un agrandissement.	**Pode ampliar isto, por favor?**	**po**deu œ̃**plyar ich**tou pour fœ**vôr**
Quand sera-ce terminé?	**Quando está [estará] pronto?**	**k**^{ou}**œ̃**dou ɨ**chta** [ɨsta**ra**] **prõ**tou

Accessoires

Je voudrais...	**Queria...**	keu**ri**œ
ampoules flash	**umas lâmpadas flash**	**ou**mœch **lœ̃**pœdœch «flash»
câble de déclencheur	**um cabo disparador**	ũ **ka**bou dɨchpœrœ**dôr**
capuchon	**uma tampa para a objectiva**	**ou**mœ **tœ̃**pœ **pœ**rœ œ ôbjè**ti**vœ
cubes flash	**uns cubos flash**	ũch **kou**bouch «flash»
étui pour caméra	**um estojo de máquina**	ũ ɨ**chtô**jou deu **ma**kinœ

filtre	**um filtro**	ou **fil**trou
jaune	**amarelo**	œmœ**rè**lou
polarisant	**polarizador**	poulœrizœ**dôr**
rouge	**vermelho**	veur**mœ^{y}**lyou
ultra-violet (UV)	**ultra-violeta**	**oul**trœ vyou**lé**tœ
flash électronique	**um flash electrónico**	õu «flash» ɨlè**tro**nikou
nettoie-objectifs	**um produto para limpar a objectiva**	õu pro**dou**tou **pœ**rœ lĩ**par** œ ôbjè**ti**vœ
objectif	**uma objectiva**	**ou**mœ ôbjè**ti**vœ
parasoleil	**uma capa de lente**	**ou**mœ **ka**pœ deu **lẽ**teu
posemètre	**um fotómetro**	õu fou**to**meutrou
télé-objectif	**uma tele-objectiva**	**ou**mœ **teu**leu-ôbjè**ti**vœ
trépied	**um tripé**	õu tri**pè**

Abîmé

Cet appareil ne fonctionne pas. Pouvez-vous le réparer?	**Este aparelho não funciona. Pode repará-lo?**	**éch**teu œpœ**rœ^{y}**lyou nœ̃^{ou} fõus**syo**nœ. **po**deu reupœ**ra** lou
La pellicule est coincée.	**O filme está bloqueado.**	ou **fil**meu ɨ**ch**ta blou**kya**dou
Le bouton ne tourne pas.	**O botão não gira.**	ou bou**tœ̃^{ou}** nœ̃^{ou} **ji**rœ
J'ai des ennuis avec...	**Há qualquer coisa avariada [errada]...**	a k^{ou}al**kèr** **koï**zœ œvœ**rya**dœ [è**rra**da]
compteur d'images	**no contador de imagens**	nou kõtœ**dôr** deu i**ma**jœ̃^{y}ch
diaphragme	**no diafragma**	nou dyœ**frag**mœ
objectif automatique	**na lente automática**	nœ **lẽ**teu a^{ou}**to**matikœ
obturateur	**no obturador**	ou obtourœ**dôr**
posemètre	**no fotómetro**	nou fou**to**meutrou
soufflet	**no fole**	nou **fo**leu
télémètre	**no telémetro**	nou teu**lè**meutrou

Provisions

Voici une liste des principaux aliments et boissons dont vous pourriez avoir besoin lors d'un pique-nique ou d'un repas improvisé.

Je voudrais...	**Queria...**	keuri**œ**
bananes	**umas bananas**	**ou**mœch bœ**nœ**nœch
beurre	**manteiga**	mœ̃**tœ**ʸgœ
biscuits	**uns biscoitos (umas bolachas)**	õuch bɨ**chkoï**touch (**ou**mœch bou**la**chœch)
biscuits salés	**umas bolachas salgadas**	**ou**mœch bou**la**chœch sal**ga**dœch
bonbons	**rebuçados [balas]**	reubou**ssa**douch [**ba**lass]
café	**café**	kœ**fè**
charcuterie mêlée	**umas carnes frias**	**ou**mœch **kar**neuch **fri**œch
chips	**umas batatas fritas**	**ou**mœch bœ**ta**tœch **fri**tœch
chocolat	**chocolate**	choukou**la**teu
citrons	**uns limões**	õuch li**mõʸch**
concombre	**um pepino**	õu peu**pi**nou
crème	**nata [creme]**	**na**tœ [**krè**mɨ]
eau minérale	**água mineral**	**a**gᵒᵘœ mineu**ral**
farine	**farinha**	fœ**ri**gnœ
fromage	**queijo**	**kœʸ**jou
gâteau	**um bolo**	õu **bô**lou
glace	**um gelado**	õu jeu**la**dou [sor**vé**tɨ]
graisse à cuire	**gordura para cozinhar**	gour**dou**rœ **pœ**rœ kouzĩ**gnar**
hamburgers	**uns hamburgers**	õuch œ̃**bour**gõuch
jambon	**fiambre**	**fyœ̃**breu
lait	**leite**	**lœʸ**teu
laitue	**alface**	al**fa**sseu
légumes au vinaigre	**picles**	**pi**kleuch
moutarde	**mostarda**	mou**chtar**dœ
œufs	**ovos**	**o**vouch
oranges	**umas laranjas**	**ou**mœch lœ**rœ̃**jœch
pain	**pão**	**pœ̃**ᵒᵘ
petits pains	**uns pãezinhos**	õuch pœ̃ʸ**zi**gnouch
poivre	**pimenta**	pi**mẽ**tœ
pommes	**umas maçãs**	**ou**mœch mœ**ssœ̃ch**
pommes frites	**umas batatas fritas**	**ou**mœch bœ**ta**tœch **fri**tœch
pommes de terre	**umas batatas**	**ou**mœch bœ**ta**tœch
salade	**salada**	sœ**la**dœ
salami	**salame**	sœ**lœ**meu
sandwiches	**umas [uns] sanduíches**	**ou**mœch [õuss] sœ̃**d**ᵒᵘ**i**cheuch

saucisses	**umas salsichas**	oumœch salsichœch
saucisse de foie	**uma salsicha de fígado**	oumœ salsichœ deu figœdou
sel	**sal**	sal
spaghetti	**esparguete**	ichparghèteu
sucre	**açúcar**	œssoukœr
thé	**chá**	cha
tomates	**uns tomates**	õuch toumateuch

Et n'oubliez pas ...

allumettes	**fósforos**	fochfourouch
décapsuleur	**um abre-garrafas [abridor de garrafas]**	õu abreu gœrrafœch [abridôr dɨ garrafass]
ouvre-boîte	**um abre-latas**	õu abreu latœch
serviettes (en papier)	**guardanapos (de papel)**	gºᵘœrdœnapouch (deu pœpèl)
tire-bouchon	**um saca-rolhas**	õu sakœ rôlyœch

bocal	**o frasco [o pote]**	ou frachkou [ô potɨ]
boîte	**a caixa**	œ kaïchœ
boîte de conserve	**a lata**	œ latœ
cageot	**o caixote**	ou kaïchoteu
carton	**a caixa de cartão**	œ kaïchœ deu kœrtœᵒᵘ
panier à provisions	**o cesto das compras**	ou séchtou dœch kõprœch
paquet	**o pacote**	ou pœkoteu
tube	**a bisnaga**	œ bijnagœ

Souvenirs

On trouve des boutiques offrant les produits de l'artisanat traditionnel sur tout le territoire du Portugal ou du Brésil. Vous aurez le choix entre différents articles: objets en cuir, vêtements, étoffes, couvertures, carreaux de faïence *(azulejos)* et céramique, sans oublier les fameux bijoux en argent filigrané et la broderie. La poterie, les tissages, la vannerie et le travail du liège permettent aux artisans de ces pays de créer des objets qui vous étonneront.

Voici quelques suggestions pour votre liste de souvenirs et de présents:

articles en cuir	**os artigos de couro**	ouch œr**ti**gouch deu **kô**rou
articles en liège	**os artigos de cortiça**	ouch œr**ti**gouch deu kour**ti**ssœ
articles en pierre	**a cantaria**	œ kœ̃tœ**ri**œ
bijouterie filigranée	**as filigranas**	œch fili**grœ**nœch
broderie (faite à la main)	**os bordados (feitos à mão)**	ouch bour**da**douch (**fœ**^{y}touch a mœ̃^{ou})
dentelle au fuseau	**as rendas (de bilro)**	œch **rẽ**dœch (deu **bil**rou)
disques de fado	**os discos de fado**	ouch **dich**kouch deu **fa**dou
étains	**os artigos de estanho**	ouch œr**ti**gouch deu ɨ**chtœ**gnou
foulards	**os lenços de pescoço**	ouch **lẽ**ssouch deu pɨ**chkô**ssou
mouchoirs	**os lenços**	ouch **lẽ**ssouch
porcelaine	**a porcelana [louça]**	œ pourseu**lœ**nœ [**lô**ssa]
poterie	**a loiça de barro**	œ **loï**ssœ deu **ba**rrou
poupées de chiffon	**as bonecas de trapo [pano]**	œch bou**nè**kœch deu **tra**pou [**pa**nô]
souliers	**os sapatos**	ouch sœ**pa**touch
tapis	**os tapetes**	ouch tœ**pé**teuch
tissages	**os artigos de tear manual [tecelagem]**	ouch œr**ti**gouch deu tyar mœ**n^{ou}al** [téssé**la**jœ̃^{y}]
vannerie	**os artigos de verga**	ouch œr**ti**gouch deu **vér**gœ
vêtements typiques	**os trajos típicos**	ouch **tra**jouch **ti**pikouch

Votre argent: banques – cours

En Portugal, les heures d'ouvertures vont de 8 h. 30 à midi et de 13 h. à 14.30 ou 15 h. (Il en est pratiquement de même au Brésil.) Il existe, dans la plupart des centres touristiques et surtout en été, des bureaux de change. Si vous êtes dans l'embarras pour changer de l'argent, adressez-vous à la gare ou à votre hôtel. N'oubliez pas votre passeport: il se peut que vous en ayez besoin.

Unité monétaire

Au Portugal, l'unité monétaire est l'*escudo* (ichkoudou) qui est divisé en 100 *centavos* (sẽtavouch). *Escudo* est abrégé *esc*.

Billets: 100, 500, 1000 et 5000 escudos.
Pièces: 50 centavos; 1, 2½, 5, 10, 20, 25 et 50 escudos.

La nouvelle unité monétaire brésilienne est le *cruzado* (krouzadô), abrégé Cz$, divisé en 100 *centavos*. Toutefois, actuellement, seuls les anciens *cruzeiros* (Cr$) sont en circulation. 1000 Cr$ correspondent à 1 Cz$.

Billets: Cr$ 100, 200, 500, 1000, 5000, 10 000, 50 000 et 100 000.
Pièces: Cr$ 10, 20, 100, 200 et 500.

Où est la banque la plus proche?	**Onde fica o banco mais próximo?**	õdeu fikœ ou bœ̃kou maïch prossimou
Où est le bureau de change le plus proche?	**Onde fica a agência de câmbio mais próxima?**	õdeu fikœ œ œjẽssyœ deu kœ̃byou maïch prossimœ
A quelle heure ouvre/ferme la banque?	**A que horas abre/fecha o banco?**	œ keu orœch abreu/ fœʸchœ ou bœ̃kou
Où puis-je encaisser un chèque de voyage?	**Onde posso trocar um cheque de viagem?**	õdeu possou troukar oũ chèkeu deu vyajœ̃ʸ
Où est le Banco Nacional Ultramarino?	**Onde fica o Banco Nacional Ultramarino?**	õdeu fikœ ou bœ̃kou nœssyounal oultrœmœrinou

A la banque

Je voudrais changer des...	**Queria trocar...**	keuriœ trou**kar**
francs français	**francos franceses**	**frœ̃**kouch frœ̃**ssé**zeuch
francs belges	**francos belgas**	**frœ̃**kouch **bèl**gœch
francs suisses	**francos suíços**	**frœ̃**kouch **s^{ou}i**ssouch
Voici mon passeport.	**Aqui está o meu passaporte.**	œ**ki ɨchta** ou mé^{ou} passœ**por**teu
Quel est le cours du change?	**A que câmbio está...?**	œ keu **kœ̃**byou **ɨchta**
Quelle commission prenez-vous?	**Que taxa de comissão aplicam?**	keu **ta**chœ deu koumi**ssœ̃^{ou}** œ**pli**kœ̃^{ou}
Puis-je toucher un chèque à ordre?	**Pode pagar um cheque pessoal?**	**po**deu pœ**gar** oũ **chè**keu peu**ss^{ou}al**
Combien de temps faut-il pour vérifier s'il est couvert?	**Quanto tempo demora para verificar [a transação]?**	**k^{ou}œ̃**tou **tẽ**pou deu**mo**rœ **pœ**rœ veurɨ**fikar** [a trœ̃za**ssœ̃^{ou}**]
J'ai...	**Tenho...**	**tœ̃^{y}**gnou
une carte de crédit	**um cartão de crédito**	oũ kœr**tœ̃^{ou}** deu **krè**ditou
une lettre de crédit	**uma carta de crédito**	**ou**mœ **kar**tœ deu **krè**ditou
une lettre de recommandation de M...	**uma carta de apresentação do Senhor...**	**ou**mœ **kar**tœ deu œpreuzẽtœ**ssœ̃^{ou}** dou sɨ**gnôr**
J'attends de l'argent de Paris. Est-il déjà arrivé?	**Estou à espera* de dinheiro de Paris. Já teria chegado?**	**ɨchtô** a ɨch**pè**rœ deu di**gnœ^{y}**rou deu pœ**rich** ja teu**ri**œ cheu**ga**dou
Donnez-moi... en billets et de la monnaie, s.v.p.	**Dê-me... em notas e o resto em dinheiro trocado, por favor.**	dé meu...œ̃^{y} **no**tœch i ou **rèch**tou œ̃^{y} di**gnœ^{y}**rou trou**ka**dou pour fœ**vôr**
Donnez-moi... gros billets et le reste en petites coupures.	**Dê-me... notas grandes e o resto em notas pequenas.**	dé meu...**no**tœch **grœ̃**deuch i ou **rèch**tou œ̃^{y} **no**tœch peu**ké**nœch

* Au Brésil: **Esperando dinheiro** (ɨspé**rœ̃**dô di**gnœ^{y}**rô).

Versement

Je désire verser ceci sur mon compte.	**Quero depositar isto na minha conta.**	kèrou deupouzi**tar** **ich**tou nœ **mi**gnœ **kõ**tœ
Je désire verser ceci sur le compte de M...	**Quero depositar isto na conta do Senhor...**	kèrou deupouzi**tar** **ich**tou nœ **kõ**tœ dou si**gnôr**
Où dois-je signer?	**Onde devo assinar?**	õdeu **dé**vou œssi**nar**

Cours du change

Dans un monde où les cours sont fluctuants, tout ce que nous pouvons vous offrir, c'est ce tableau à compléter vous-même. Certes, les banques et les agences de voyages distribuent des listes de cours. Mais ce tableau n'est-il pas plus pratique puisque vous l'aurez toujours sous la main?

	FF	Fr. B.	Fr. S.
1 escudo			
5 escudos			
20 escudos			
50 escudos			
100 escudos			
500 escudos			
1.000 escudos			
1 cruzado			
5 cruzados			
10 cruzados			
20 cruzados			
50 cruzados			
100 cruzados			
500 cruzados			

POUR LES NOMBRES, voir page 175

A la poste

Au Portugal, les bureaux de poste sont désignés par les lettres *CTT (Correios, Telégrafos e Telefones).* Les boîtes aux lettres sont peintes en rouge. On peut se procurer des timbres aux guichets de la poste ou à la réception de l'hôtel. Les heures d'ouverture varient, mais se situent généralement entre 8 h. et midi et entre 15 h. et 19 h.

Les bureaux de poste au Brésil, signalés par les lettres jaunes ECT *(Empresa Brasileira de Correios e Telégrafos)* sont en général ouverts de 8 h. à 18 h. du lundi au vendredi; de 8 h. à midi le samedi. Les boîtes aux lettres sont peintes en jaune.

Où est la poste la plus proche?	**Onde fica a estação dos correios mais próxima?**	õdeu **fi**kœ œ ɨchtœ**ssœ̃ᵒᵘ** douch kou**rrœʸ**ouch maïch **pro**ssimœ
A quelle heure ouvre/ ferme la poste?	**A que horas abre/ fecha o correio?**	œ keu **o**rœch **a**breu/ **fœʸ**chœ ou kou**rrœʸ**ou
Quel est le guichet des timbres?	**Em que guiché são os selos?**	œ̃ʸ keu ghi**chè** sœ̃ᵒᵘ ouch **sé**louch
A quel guichet peut-on toucher un mandat postal international?	**Em que balcão posso receber um vale de correio internacional?**	œ̃ʸ keu bal**kœ̃ᵒᵘ** **po**ssou reusseu**bér** õu **va**leu deu kou**rrœʸ**ou ĩteurnœssyou**nal**
Je désire... timbres de... escudos et... timbres de... escudos.	**Dê-me... selos de... escudos e... selos de... escudos.**	dé meu...**sé**louch deu... ɨ**chkou**douch i...**sé**louch deu...ɨ**chkou**douch
Quel est le port d'une lettre pour Genève?	**Quanto custa uma carta para Genebra?**	**kᵒᵘœ̃**tou **kouch**tœ **ou**mœ **kar**tœ **pœ**rœ jeu**nè**brœ
Je désire envoyer ce paquet.	**Quero enviar esta encomenda [pacote].**	**kè**rou ẽ**vyar** **èch**tœ ẽkou**mẽ**dœ [pa**ko**tɨ]
Dois-je remplir un formulaire de douane?	**É preciso um formulário para a alfândega?**	è preu**ssi**zou õu fourmou**la**ryou **pœ**rœ œ al**fœ̃**deugœ
Où est la boîte aux lettres?	**Onde é a caixa do correio?**	**õ**deu è œ **kaï**chœ dou kou**rrœʸ**ou

Je désire envoyer ceci par...	**Quero enviar isto...**	**k**èrou ẽ**vyar ich**tou
avion	**por avião**	pour œ**vyœ̃ou**
exprès	**expresso**	œy**chprè**ssou
recommandé	**registado [registrado]**	reuji**chta**dou [réji**stra**dô]
Où est la poste restante?	**Onde é a posta restante?**	õdeu è œ **poch**tœ reu**chtœ̃**teu
Avez-vous du courrier pour moi? Je m'appelle...	**Há correio para mim? O meu nome é...**	a kou**rrœy**ou **pœ**rœ mĩ? ou méou **nô**meu è

SELOS	TIMBRES
ENCOMENDAS [PACOTES]	PAQUETS
VALES DE CORREIO	MANDATS POSTAUX

Télégrammes

Au Portugal et au Brésil, vous devrez vous rendre à la poste pour envoyer un télégramme. La poste centrale de Lisbonne ainsi que celles des principales villes du Brésil sont ouvertes jour et nuit.

Je désire envoyer un télégramme. Veuillez me donner un formulaire.	**Quero enviar um telegrama. Pode dar-me um impresso [formulário], faz favor?**	**k**èrou ẽ**vyar** õu teuleu**grœ**mœ. **po**deu dar meu õu ĩ**prè**ssou [formou**la**ryô] fach fœ**vôr**
Combien coûte le mot?	**Quanto custa cada palavra?**	**kou**œ̃tou **kouch**tœ **kœ**dœ pœ**la**vrœ
Combien de temps faut-il à un télégramme pour arriver à...?	**Quanto tempo leva um telegrama a chegar a...?**	**kou**œtou **tẽ**pou **lè**vœ õu teuleu**grœ**mœ œ cheu**gar** œ
Le destinataire payera la taxe.	**É para ser pago pelo destinatário, por favor.**	è **pœ**rœ sér **pa**gou **pé**lou deuchtinœ**ta**ryou pour fœ**vôr**

Téléphone

Au Portugal, vouz pourrez passer vos appels téléphoniques à partir d'une cabine publique - que ce soit dans un bar, un restaurant ou au coin d'une rue. Vous établirez vos communications en automatique avec la plupart des pays ouest-européens. Pour ce genre d'appel, choisissez de préférence votre hôtel ou un bureau de poste.

Au Brésil, il faut d'abord aller acheter des jetons (*fichas* - **fi**chas) au kiosque à journaux le plus proche. Dans les aéroports et les endroits très fréquentés, on peut téléphoner - à l'intérieur du pays ou à l'étranger - depuis un bureau des téléphones, que l'on repère par l'indication *Cia telefónica*.

Où est le téléphone le plus proche?	**Onde fica o telefone mais próximo?**	õdeu **fi**kœ ou teuleu**fo**neu maïch **pro**ssimou
Puis-je utiliser votre téléphone?	**Posso utilizar o seu telefone?**	**po**ssou outi**lizar** ou sé^{ou} teuleu**fo**neu
Avez vous l'annuaire téléphonique de...?	**Tem uma lista telefónica de...?**	tœ̃^{y} **ou**mœ **lich**tœ teuleu**fo**nikœ deu
Pouvez-vous m'aider à obtenir ce numéro?	**Pode ajudar-me a ligar para este número?**	**po**deu œjou**dar** meu œ li**gar** **pœ**rœ **éch**teu **nou**meurou

Téléphoniste

Parlez-vous français?	**Fala francês?**	**fa**lœ frœ̃**séch**
Bonjour. Je voudrais le 12345 à Porto.	**Bom dia, pode ligar-me para o 12345 no Porto?**	bõ **di**œ **po**deu li**gar** meu **pœ**rœ ou 12345 nou **pôr**tou
Je voudrais une communication avec préavis.	**Quero fazer uma chamada com preaviso [chamada pessoal].**	**kè**rou fœ**zér** **ou**mœ chœ**ma**dœ kõ priœ**vi**zou [cha**ma**da pé**ss**^{ou}**al**]
Je désire appeler en P.C.V.	**Quero que a chamada seja paga pelo destinatário.**	**kè**rou keu œ chœ**ma**dœ **sœ**^{y}jœ **pa**gœ **pé**lou deuchtinœ**ta**ryou
Pouvez-vous m'indiquer ensuite le prix de la communication?	**Pode dizer-me o preço da chamada quando terminar?**	**po**deu di**zér** meu ou **pré**ssou dœ chœ**ma**dœ k^{ou}œ̃dou teurmi**nar**

POUR LES NOMBRES, voir page 175

Au téléphone

Allô. Ici...	**Está [Alô]? Aqui fala...**	ɨ**chta** [alô]? œ**ki** fa**lœ**
Je voudrais parler à...	**Quero falar com...**	**kè**rou fœ**lar** kõ
Pouvez-vous me mettre en communication avec...?	**Pode passar-me... [ligar-me com...]?**	**po**deu pœs**sar** meu [li**gar** mɨ kõ]
Je désire l'interne...	**Quero o interno [o ramal]...**	**kè**rou ou ĩ**tè**rnou [ô ra**mal**]
Est-ce...?	**É...?**	è

Pas de chance

Essayez de rappeler plus tard, s.v.p.	**Pode voltar a chamar mais tarde, faz favor?**	**po**deu vôl**tar** œ chœ**mar** maïch **tar**deu fach fœ**vôr**
Mademoiselle, vous m'avez donné un faux numéro.	**A menina ligou-me para um número errado.**	œ meu**ni**nœ li**gô** meu **pœ**rœ õu **nou**meurou ɨ**rra**dou
Mademoiselle, nous avons été coupés.	**Telefonista, cortaram-me a ligação.**	teuleufou**nich**tœ kour**ta**rœ̃^{ou} meu œ ligœs**sœ̃**^{ou}

Code d'épellation

A	**Ana**	œnœ	N	**Natália**	nœ**ta**lyœ
B	**Bernardo**	beur**nar**dou	O	**Olga**	**ol**gœ
C	**Carlos**	**kar**louch	P	**Paulo**	**pa**^{ou}lou
D	**Diana**	**dy**œnœ	Q	**Quilo**	**ki**lou
E	**Emília**	ɨ**mi**lyœ	R	**Rui**	**rou**^{y}
F	**Fernando**	feur**nœ̃**dou	S	**Suzana**	sou**zœ**nœ
G	**Geraldo**	jeu**ral**dou	T	**Teodoro**	tyou**do**rou
H	**Horácio**	ô**ra**ssyou	U	**Úrsula**	**our**soulœ
I	**Isabel**	ɨzœ**bèl**	V	**Victor**	**vi**tor
J	**João**	j^{ou}**œ̃**^{ou}	W	**Wagner**	**vagh**nèr
K	**Kant**	**kœ̃**t	X	**Xavier**	chœ**vyèr**
L	**Luísa**	**l**^{ou}**i**zœ	Y	**York**	**york**
M	**Maria**	mœ**ri**œ	Z	**Zebra**	**zé**brœ

Il n'y a personne

Quand sera-t-il/elle de retour?	**Quando estará de volta?**	**k**^{ou}**œ̃**dou ɨchtœ**ra** deu **vol**tœ
Pouvez-vous lui dire que j'ai téléphoné? C'est de la part de...	**Pode dizer-lhe que eu telefonei? O meu nome é...**	**po**deu di**zér** lyeu keu é^{ou} teuleufou**nœ**^{y}? ou mé^{ou} **nô**meu è
Pouvez-vous lui demander de m'appeler?	**Pode dizer-lhe para me telefonar?**	**po**deu di**zér** lyeu **pœ**rœ meu teuleufou**nar**
Puis-je vous laisser un message, s.v.p.?	**Pode dar-lhe [tomar] um recado, por favor?**	**po**deu dar lyeu [tô**mar**] õu reu**ka**dou pour fœ**vôr**

Taxes

Quel est le prix de la communication?	**Quanto custa este telefonema?**	**k**^{ou}**œ̃**tou **kouch**tœ **éch**teu teuleufou**né**mœ
Je voudrais payer la communication.	**Quero pagar a chamada.**	**kè**rou pœ**gar** œ chœ**ma**dœ

Há uma chamada para si.	Il y a un appel pour vous.
Que número deseja?	Quel numéro désirez-vous?
A linha está interrompida [ocupada].	La ligne est occupée.
Não responde.	On ne répond pas.
Enganou-se no número.	On vous a donné un faux numéro.
O telefone está avariado [com defeito].	Le téléphone est en dérangement.
Ele/Ela não está no momento.	Il/Elle n'est pas là en ce moment.

La voiture

Stations-service

Nous commencerons par les stations-service, où vous vous arrêterez certainement. La plupart d'entre elles n'acceptent pas de réparations importantes; mais en plus de l'approvisionnement en essence, elles peuvent vous aider à résoudre une foule de petits problèmes.

Où est la station-service la plus proche?	**Onde fica o posto de gasolina mais próximo?**	õdeu fikœ ou pôchtou deu gœzoulinœ maïch prossimou
Je voudrais... litres d'essence, s.v.p.	**Quero... litros de gasolina, por favor.**	kèrou...litrouch deu gœzoulinœ pour fœvôr
normale/super	**normal/super**	normal/soupèr
Donnez-moi pour ... escudos/ cruzados de super.	**Dê-me ... escudos/ cruzados de super.**	dé meu ... ɨchkoudouch/ krouzadôss deu soupèr
Le plein, s.v.p.	**Encha o depósito [o tanque], por favor.**	ẽchœ ou deupozitou [ô tœ̃kɨ] pour fœvôr
Vérifiez l'huile et l'eau, s.v.p.	**Verifique o óleo e a água, por favor.**	veurifikeu ou olyou i œ ag^ou^œ pour fœvôr
Donnez-moi un demi-litre d'huile, s.v.p.	**Dê-me meio litro de óleo, por favor.**	dé meu mœ^y^ou litrou deu olyou pour fœvôr
Mettez de l'eau distillée dans la batterie, s.v.p.	**Pode pôr água destilada na bateria?**	podeu pôr ag^ou^œ dɨchtiladœ nœ bœteuriœ
Vérifiez le liquide des freins.	**Verifique o líquido dos travões [freios].**	veurɨfikeu ou likidou douch trœvõ^y^ch [frœ^y^ôss]
Pouvez-vous réparer ce pneu crevé?	**Pode remendar este furo?**	podeu reumẽdar échteu fourou

POUR LES NOMBRES, voir page 175

Pouvez-vous changer ce pneu, s.v.p.?	**Pode mudar o pneu, por favor?**	po**deu** mou**dar** ou pné^{ou} pour fœ**vôr**
Veuillez vérifier les pneus.	**Pode verificar os pneus?**	**po**deu veurɨfi**kar** ouch pné^{ou}ch
Vérifiez aussi la roue de secours.	**Veja também o pneu sobresse-lente.**	**vœ**^{y}jœ tœ̃**bœ̃**^{y} ou pné^{ou} soubreusseu-**lẽ**teu
1,6 à l'avant 1,8 à l'arrière	**um e seis à frente um e oito atrás**	õu i sœ^{y}ch a **frẽ**teu õu i **oï**tou œ**trach**
Pouvez-vous nettoyer le pare-brise?	**Pode limpar o pára-brisas?**	**po**deu lĩ**par** ou parœ **bri**zœch
Je voudrais un service d'entretien et de graissage.	**Pode verificar o motor e fazer a lubrificação?**	**po**deu veurɨfi**kar** ou mou**tôr** i fœ**zér** œ loubrɨfikœ**ssœ̃**^{ou}
Avez-vous une carte routière de la région?	**Tem um mapa de estradas deste distrito?**	tœ̃^{y} õu **ma**pœ deu ɨch**tra**dœch **déch**teu dɨch**tri**tou
Je suis en panne d'essence à... Pouvez-vous m'aider?	**Acabou-se-me a gasolina em... Pode ajudar-me?**	œkœ**bô** seu meu œ gœzou**li**nœ œ̃^{y}... **po**deu œjou**dar** meu

Comment demander son chemin

Excusez-moi. Parlez-vous français?	**Desculpe. Fala francês?**	dɨch**koul**peu. **fa**lœ frœ̃**ssêch**
Pouvez-vous m'indiquer le chemin pour...?	**Pode indicar-me o caminho para...?**	**po**deu ĩdi**kar** meu ou kœ**mi**gnou **pœ**rœ
Où se trouve...?	**Onde fica...?**	**õ**deu **fi**kœ
Sommes-nous sur la bonne route pour...?	**É esta a estrada para...?**	è **èch**tœ œ ɨch**tra**dœ **pœ**rœ
A quelle distance est le prochain village?	**A que distância fica a aldeia mais próxima?**	œ keu dɨch**tœ̃**ssyœ **fi**kœ œ al**dœ**^{y}œ maïch **pro**ssimœ
A quelle distance suis-je de...?	**Qual é a distância daqui até...?**	k^{ou}al è œ dɨch**tœ̃**ssyœ dœ**ki** œ**tè**

Pouvez-vous me dire où se trouve...?	**Pode dizer-me onde fica...?**	podeu dizér meu õdeu fikœ
Où puis-je trouver cette adresse?	**Onde fica esta morada [este endereço]?**	õdeu fikœ èchtœ mouradœ [éstɨ ẽdéréssô]
Pouvez-vous me montrer sur la carte où je suis?	**Pode mostrar-me no mapa onde estou?**	podeu mouchtrar meu nou mapœ õdeu ɨchtô
Pouvez-vous me montrer sur la carte où se trouve...?	**Pode mostrar-me no mapa onde fica...?**	podeu mouchtrar meu nou mapœ õdeu fikœ
Puis-je me garer ici?	**Posso estacionar aqui?**	possou ɨchtœssyounar œki
Le trafic va-t-il dans cette direction?	**O trânsito vai neste sentido [nesta direção]?**	ou trœ̃zitou vaï néchteu sẽtidou [nèsta dirèssœ̃^{ou}]

Enganou-se na estrada.	Vous vous êtes trompé de route.
Vá sempre a direito [Siga em frente].	Allez tout droit.
É lá em baixo...	C'est là-bas...
à esquerda/à direita	à gauche/à droite
É muito longe para ir a pé.	C'est trop loin pour aller à pied.
Apanhe o autocarro [ônibus] número...	Prenez l'autobus numéro...
Vá até ao primeiro/segundo cruzamento.	Allez jusqu'au premier/second carrefour.
Vire à esquerda nos sinais de trânsito.	Tournez à gauche après les feux.
Vire à direita na esquina.	Tournez au coin à droite.

Dans la dernière partie de ce chapitre, subdivisée en deux, nous nous occuperons plus particulièrement de la voiture elle-même.

La rubrique A contient des informations générales sur la circulation routière au Portugal et au Brésil. Elle vous servira essentiellement de référence: nous vous recommandons donc de l'étudier à l'avance.

La rubrique B donne des indications pratiques en cas d'accident ou de panne. Elle comprend une liste des pièces détachées et énumère les diverses causes de panne. Il vous suffit de pointer le terme approprié, le mécanicien vous fournira la réponse.

Partie A

Douane – Documents

Vous devrez être en possession des documents suivants pour pénétrer au Portugal avec votre voiture:

- passeport
- carte verte (à conseiller bien qu'elle ne soit pas obligatoire)
- carte grise
- permis de conduire

Nous vous conseillons, si vous devez passer par l'Espagne, de vous procurer un permis de conduire international. La plaque de nationalité doit être visible à l'arrière de votre véhicule. Le port de la ceinture de sécurité est obligatoire au Portugal (en revanche, au Brésil, il ne l'est pas).

L'entrée au Brésil avec une voiture pose quelques problèmes. Il est donc préférable de contacter votre association automobile trois mois à l'avance au moins. La solution la plus recommandée est la location d'une voiture, soit depuis votre propre pays, soit sur place au Brésil. Un permis de conduire international est exigé.

Voici mon/ma...	**Aqui está...**	œki ɨchta
carte grise	**o livrete [documentos] do carro**	ou livréteu [dôkoumẽtôss] dou karrou
carte verte	**a minha carta verde**	œ mignœ kartœ vérdeu
passeport	**o meu passaporte**	ou mé^{ou} passœporteu
permis de conduire (international)	**a minha carta de condução [carteira de motorista] (internacional)**	œ mignœ kartœ deu kõdoussœ̃^{ou} [kartœ̃^{y}ra dɨ môtôrista] (ɨteurnœssyounal)
Je n'ai rien à déclarer.	**Não tenho nada a declarar.**	nœ̃^{ou} tœ̃^{y}gnou nadœ œ deuklœrar
J'ai...	**Tenho...**	tœ̃^{y}gnou
une bouteille de whisky/vin	**uma garrafa de uísque/vinho**	oumœ gœrrafœ deu ^{ou}ichkeu/vignou
une cartouche de cigarettes	**um pacote de cigarros**	õu pœkoteu deu sigarrouch
Nous allons rester...	**Vamos ficar...**	vœmouch fikar
une semaine	**uma semana**	oumœ seumœnœ
quinze jours	**quinze dias**	kĩzeu diœch
un mois	**um mês**	õu méch

Routes

Portugal

Les routes sont numérotées. Plus le nombre est petit, meilleur est l'état de la chaussée:

1 à 200	routes de première catégorie
201 à 300	routes de seconde catégorie
301 etc.	routes de troisième catégorie

Vous verrez encore d'autres panneaux:

Estrada Internacional	Autoroute internationale
Auto-Estrada	Autoroute
Estrada Nacional	Route nationale

Le réseau routier portugais, qui s'améliore constamment, relie entre elles les villes principales. Le trafic est généralement fluide. La vitesse maximale recommandée sur les grandes routes est de 110 km/h. (sur les autoroutes 120 km/h.). Elle est de 60 km/h. dans les agglomérations.

Si vous circulez à l'intérieur du pays, souvenez-vous que les stations-service sont plus rares que dans les centres urbains. Nous vous conseillons de vous munir d'un jerrycan d'essence et d'une bouteille d'eau distillée pour la batterie.

Lorsque vous emprunterez des routes de montagne, vous aurez l'obligation d'actionner votre avertisseur dans les virages. D'autre part, vous vous rendrez vite compte qu'un grand nombre de conducteurs envoient des signaux manuels, car leur véhicule est dépourvu de signaux de direction.

Pour atteindre Lisbonne, vous pouvez emprunter le spectaculaire pont du Vingt-Cinq Avril, qui relie la capitale à la rive sud du Tage.

Brésil

Vous trouverez les meilleures routes dans le sud. Cependant, le réseau routier se développe rapidement, et de nouvelles voies expresses sont en construction un peu partout dans le pays. Réalisation spectaculaire, la «Transamazonienne» *(Transamazônica)* reliera le sud-ouest du Brésil au Venezuela. En raison des dimensions du pays, les routes départementales telles que nous les entendons en Europe, n'existent pas au Brésil. Vous passerez donc sans transition du grand axe asphalté à la route ou à la piste de terre. Si vous avez l'intention de circuler en été sur des routes non asphaltées, équipez-vous en conséquence (pelle, ampoules de rechange, bottes de caoutchouc, etc.): des averses, soudaines et violentes, transforment rapidement la chaussée en bourbier, la rendant impraticable pour plusieurs heures.

La vitesse est limitée à 80 km/h. sur les grandes routes et à 50 km/h. dans les centres habités. En ville, les feux de circulation sont placés très haut et passent rapidement du vert au rouge.

L'un des plus grands ponts du monde (13 km) relie Rio de Janeiro à Niterói. Si vous l'empruntez, ralentissez quelque peu pour admirer le paysage!

Infractions

Je suis désolé(e). Je n'ai pas vu le panneau/le feu.	**Desculpe, não vi o sinal/a luz.**	d**ɨchkoul**peu nœ̃^{ou} vi ou si**nal**/œ luch
Le feu était vert.	**A luz estava verde.**	œ luch **ɨchta**vœ **vér**deu
Je regrette. Je ne parle pas bien portugais.	**Desculpe. Não falo bem português.**	d**ɨchkoul**peu. nœ̃^{ou} **fa**lou bœ̃^{y} pourtou**ghéch**
Je ne comprends pas.	**Não compreendo [Não entendo].**	nœ̃^{ou} kõ**pryẽ**dou [nœ̃^{ou} ẽ**tẽ**dô]
Quel est le montant de l'amende?	**Quanto é a multa?**	**k^{ou}œ̃**tou è œ **moul**tœ

Stationnement

Au Portugal et au Brésil, la plupart des parkings sont à ciel ouvert et sont surveillés par un gardien (*guarda do parque* – **g^{ou}ar**dœ dou **par**keu). Les parcmètres sont inconnus au Brésil.

Excusez-moi. Puis-je me garer ici?	**Faz favor, posso estacionar aqui?**	fach fœ**vôr pos**sou ɨchtœssyou**nar** œ**ki**
Combien de temps puis-je stationner ici?	**Por quanto tempo posso estacionar aqui?**	pour **k^{ou}œ̃**tou **tẽ**pou **pos**sou ɨchtœssyou**nar** œ**ki**
Dois-je laisser mes feux de position?	**Devo deixar as luzes acesas?**	**dé**vou dœ^{y}**char** œch **lou**zeuch œs**sé**zœch
Excusez-moi. Avez-vous de la monnaie pour le parcmètre?	**Por favor, pode trocar-me dinheiro para o automático?**	pour fœ**vôr po**deu trou**kar** meu di**gnœ^{y}**rou pœrœ ou a^{ou}tou**ma**tikou
Quelle est la taxe de stationnement ici?	**Quanto é o estacionamento?**	**k^{ou}œ̃**tou è ou ɨchtœssyounœ**mẽ**tou

Signaux routiers

La liste ci-dessous énumère les principaux panneaux routiers écrits que vous pourrez rencontrer lors d'un voyage au Brésil ou au Portugal (voir aussi pages 160–161).

ALTO	Halte
AUTO-ESTRADA	Autoroute
CRUZAMENTO	Carrefour
CURVA PERIGOSA	Virage dangereux
DESCIDA ÍNGREME	Forte déclivité
DESVIO	Déviation
ENCRUZILHADA	Carrefour
ESTACIONAMENTO PERMITIDO	Stationnement autorisé
ESTACIONAMENTO PROIBIDO	Stationnement interdit
GUIAR COM CUIDADO	Conduire prudemment
HOMENS TRABALHANDO	Travaux
MÃO ÚNICA	Sens unique
OBRAS	Travaux
PARAGEM DE AUTOCARRO	Arrêt d'autobus
PARAR	Stop
PARE	Stop
PASSAGEM DE NÍVEL	Passage à niveau
PASSAGEM PROIBIDA	Entrée interdite
PEDÁGIO	Péage
PEDESTRES	Piétons
PEÕES	Piétons
PERIGO	Danger
PONTO DE ÔNIBUS	Arrêt d'autobus
PORTAGEM	Péage
POSTO DE SOCORROS	Poste de premiers secours
PROIBIDA A ENTRADA	Entrée interdite
SAÍDA DE CAMINHÕES	Sortie de poids lourds
SAÍDA DE CAMIÕES	Sortie de poids lourds
SEGUIR PELA DIREITA/ ESQUERDA	Serrez à droite/à gauche
SEM SAÍDA	Sans issue
SENTIDO PROIBIDO	Sens interdit
SENTIDO ÚNICO	Sens unique
TRABALHOS	Travaux
TRÃNSITO PROIBIDO	Fermé au trafic
TRÂNSITO VEDADO	Fermé au trafic
VEÍCULOS PESADOS	Déviation pour poids lourds
VELOCIDADE MÁXIMA	Vitesse maximale

Partie B

Accidents

Cette section est consacrée aux premiers secours. Les questions de responsabilité et de règlement des sinistres peuvent être discutées ultérieurement.

Pour l'instant, votre premier devoir consiste à vous occuper des blessés.

Y a-t-il des blessés?	**Há feridos?**	a feu**ri**douch
Ne bougez pas.	**Não se mexa.**	nœ̃ᵒᵘ seu **mé**chœ
Tout va bien. Ne vous inquiétez pas.	**Tudo está bem.** **Não se preocupe.**	**tou**dou ɨ**chta** bœ̃ʸ. nœ̃ᵒᵘ seu pryo**kou**peu
Où est le téléphone le plus proche?	**Onde fica o telefone mais próximo?**	õdeu **fi**kœ ou teuleu**fo**neu maïch **pro**ssimou
Puis-je utiliser votre téléphone? Il s'est produit un accident.	**Posso utilizar o seu telefone? Houve um acidente.**	**po**ssou outɨli**zar** ou séᵒᵘ teuleu**fo**neu? **ô**veu ũ œssi**dẽ**teu
Vite, un médecin/une ambulance.	**Chame um médico/ uma ambulância, depressa.**	**chœ**meu ũ **mè**dikou/ **ou**mœ œ̃boul**lœ̃**ssyœ deu**prè**ssœ
Il y a des blessés.	**Há feridos.**	a feu**ri**douch
Aidez-moi à les dégager de la voiture.	**Ajude-me a tirá-los do carro.**	œ**jou**deu meu œ ti**ra** louch dou **ka**rrou

Police – Echange d'informations

Veuillez appeler la police.	**Chame a polícia, por favor.**	**chœ**meu œ pou**li**ssyœ pour fœ**vôr**
Un accident s'est produit à environ 2 km de...	**Houve um acidente, a cerca de 2 quilómetros de...**	**ô**veu ũ œssi**dẽ**teu œ **sér**kœ deu 2 ki**lo**meutrouch deu
Je suis sur la route Evora-Lisbonne, à 20 km de Setubal.	**Estou na estrada de Évora-Lisboa a 20 quilómetros de Setúbal.**	ɨ**chtô** nœ ɨ**chtra**dœ deu **è**vourœ lij**bô**œ œ 20 ki**lo**meutrouch deu seu**tou**bœl
Voici mon nom et mon adresse.	**Aqui está o meu nome e morada [endereço].**	œ**ki** ɨ**chta** ou méᵒᵘ **nô**meu i mou**ra**dœ [ẽdé**ré**ssô]

Voulez-vous vous porter témoin de l'accident?	**Importa-se de ser testemunha?**	ĩport**œ** seu deu sér teuchteu**mou**gnœ
Je voudrais un interprète.	**Queria um intérprete.**	keur**i**œ õu ĩ**tèr**preuteu

N'oubliez pas de placer votre triangle rouge si votre voiture est en panne ou si elle obstrue le trafic.

Panne

Voici les quatre points traités dans cette section:

1. *Sur la route*
   Vous demandez où se trouve le garage le plus proche.
2. *Au garage*
   Vous expliquez au garagiste ce qui ne fonctionne pas.
3. *Trouver la panne*
   Il vous indique la défectuosité.
4. *La réparation*
   Vous lui demandez de réparer la voiture; après quoi vous réglez la facture (à moins que vous ne soyez pas d'accord).

1. Sur la route

Où est le prochain garage?	**Onde fica a garagem mais próxima?**	**õ**deu **fi**kœ œ gœ**ra**jœ̃ʸ maïch **pro**ssimœ
Ma voiture est tombée en panne. Puis-je utiliser votre téléphone, s.v.p.?	**O meu carro está avariado. Posso utilizar o seu telefone, por favor?**	ou méᵒᵘ **ka**rrou ɨch**ta** œvœr**ya**dou. **po**ssou outɨli**zar** ou séᵒᵘ teuleu**fo**neu pour fœ**vôr**
Quel est le numéro de téléphone du garage le plus proche?	**Qual é o número de telefone da garagem mais próxima?**	kᵒᵘal è ou **nou**meurou deu teuleu**fo**neu dœ gœ**ra**jœ̃ʸ maïch **pro**ssimœ
Je suis tombé en panne à...	**Tive uma avaria em...**	**ti**veu **ou**mœ œvœ**ri**œ œ̃ʸ

Pouvez-vous m'envoyer un mécanicien?	**Pode mandar um mecânico?**	podeu mœ̃dar oũ meukœnikou
Pouvez-vous m'envoyer une dépanneuse?	**Pode mandar um pronto socorro para rebocar o carro?**	podeu mœ̃dar oũ prõtou soukôrrou pœrœ reuboukar ou karrou
Dans combien de temps arriverez-vous?	**Daqui a quanto tempo vai chegar?**	dœki œ k^{ou}œ̃tou tẽpou vaï cheugar

2. Au garage

Pouvez-vous m'aider?	**Pode ajudar-me?**	podeu œjoudar meu
J'ignore ce qui ne fonctionne pas.	**Não sei qual é a avaria [o defeito].**	nœ̃^{ou} sœ^{y} k^{ou}al è œ œvœriœ [ô défœ^{y}tô]
Je crois que c'est... qui ne marche pas.	**Creio que... não funciona.**	krœ^{y}ou keu... nœ̃^{ou} foũssyonœ
accélération	**a aceleração**	œ œsseuleurœssœ̃^{ou}
air conditionné	**o ar condicionado**	ou ar kõdissyounadou
allumage	**o sistema de ignição**	ou sɨchtémœ deu ighnissœ̃^{ou}
avertisseur	**a buzina**	œ bouzinœ
batterie	**a bateria**	œ bœteuriœ
ceinture de sécurité	**o cinto de segurança**	ou sĩtou deu seugourœ̃ssœ
chauffage	**c aquecimento**	ou œkèssimẽtou
clignotant	**o pisca-pisca**	ou pichkœ pichkœ
compteur de vitesse	**o conta-quilómetros**	ou kõtœ kilomeutrouch
courroie du ventilateur	**a correia da ventoinha**	œ kourrœ^{y}œ dœ vẽt^{ou}ignœ
démarreur	**o motor de arranque**	ou moutôr deu œrrœ̃keu
direction	**a direcção**	œ dirèssœ̃^{ou}
distributeur	**o distribuidor**	ou dɨchtrib^{ou}idôr
dynamo	**o dínamo**	ou dinœmou
embrayage	**a embraiagem [embreagem]**	œ ẽbrœ^{y}ajœ̃^{y} [ẽbréajœ̃^{y}]
essieu	**o eixo da roda**	ou œ^{y}chou dœ rodœ
essuie-glaces	**os limpa-vidros**	ouch lĩpœ vidrouch

feux	**as luzes**	œch **lou**zeuch
feux arrière	**as luzes de trás [traseiras]**	œch **lou**zeuch deu trach [trazœʸrass]
feux de recul	**as luzes de marcha atrás [a ré]**	œch **lou**zeuch deu **mar**chœ œ**trach** [a rè]
phares	**os faróis**	ouch fœ**roʸch**
témoin des freins	**os farolins dos travões [freios]**	ouch fœrou**lĩch** douch trœ**võʸch** [**frœ**ʸôss]
freins	**os travões [freios]**	ouch trœ**võʸch** [**frœ**ʸôss]
interrupteur d'éclairage	**o interruptor das luzes**	ou ĩteurroup**tôr** dœch **lou**zeuch
moteur	**o motor**	ou mou**tôr**
pompe à essence	**a bomba de gasolina**	œ **bõ**bœ deu gœzou**li**nœ
porte	**a porta**	œ **por**tœ
radiateur	**o radiador**	ou rœdyœ**dôr**
roues	**as rodas**	œch **ro**dœch
siège	**o assento**	ou œ**ssẽ**tou
starter	**o ar [afogador]**	ou ar [afôga**dôr**]
suspension	**a suspensão**	œ souchpẽ**ssœ̃ᵒᵘ**
système d'injection	**o sistema de injecção**	ou sɨ**chté**mœ deu ĩjè**ssœ̃ᵒᵘ**
système de refroidissement	**a refrigeração**	œ reufrijeurœ**ssœ̃ᵒᵘ**
transmission	**a transmissão**	œ trœ̃chmi**ssœ̃ᵒᵘ**
tuyau d'échappement	**o tubo de escape**	ou **tou**bou deu ɨch**ka**peu
ventilateur	**a ventoinha**	œ vẽ**tᵒᵘi**gnœ
vitesses	**as velocidades [marchas]**	œch veloussi**da**deuch [**mar**chass]

GAUCHE	DROITE	AVANT	ARRIÈRE
ESQUERDO/A	**DIREITO/A**	**EM FRENTE**	**ATRÁS**
(ɨ**chkér**dou/œ)	(di**rœʸ**tou)	(œ̃ʸ **frẽ**teu)	(œ**trach**)

Il...	**Está...**	ɨ**chta**
est bloqué	**bloqueado [encrencado]**	blou**kya**dou [ẽkrẽ**ka**dô]
fait du bruit	**fazendo barulho**	fœ**zẽ**dou bœ**rou**lyou
est brûlé	**queimado**	kœʸ**ma**dou
est cassé	**partido**	pœr**ti**dou
chauffe	**aquecendo demais**	œkè**ssẽ**dou deu**maïch**

cogne	**batendo**	bœtẽdou
est coincé	**entalado**	ẽtœladou
est débranché	**desligado**	dɨchligadou
est déchiré	**rasgado**	rœchgadou
est défectueux	**defeituoso**	deufœ^{y}t^{ou}ôzou
est détaché	**solto**	sôltou
est faible	**fraco**	frakou
est fêlé	**rachado**	rœchadou
a une fuite	**está vazando**	ɨchta vœzœ̃dou
est gelé	**gelado**	jeuladou
est trop lâche	**frouxo**	frôchou
est en mauvais état	**em mau estado**	œ̃^{y} ma^{ou} ɨchtadou
patine	**patinando**	pœtinœ̃dou
a sauté	**fundido**	fõudidou
est troué	**furado**	fouradou
est sec	**seco**	sékou
vibre	**vibrando**	vibrœ̃dou
Le moteur ne démarre pas.	**O motor não pega.**	ou moutôr nœ̃^{ou} pègœ
La voiture est fermée et la clef est à l'intérieur.	**O carro está fechado e as chaves ficaram dentro.**	ou karrou ɨchta fɨchadou i œch chaveuch fikarœ̃^{ou} dẽtrou
Le radiateur a une fuite.	**O radiador tem uma fuga [está vazando].**	ou rœdyœdôr tœ̃^{y} oumœ fougœ [ɨsta vazœ̃dô]
L'embrayage s'enclenche trop vite.	**A embraiagem prende-se demasiado depressa [está socando].**	œ ẽbrœ^{y}ajœ̃^{y} prẽdeu seu deumœziadou deuprèssœ [ichta sokœ̃dou]
Je ne peux pas engager la première/la marche arrière.	**Não posso meter a primeira/a marcha atrás [a ré].**	nœ̃^{ou} possou meutér œ primœ^{y}rœ/œ marchœ œtrach [a rè]
Le volant vibre.	**O volante vibra.**	ou voulœ̃teu vibrœ
Le... doit être réparé.	**... precisa de ser ajustado/a.**	preussizœ deu sér œjouchtadou/œ
embrayage	**a embraiagem**	œ ẽbrœ^{y}ajœ̃^{y}
frein	**o travão [freio]**	ou trœvœ̃^{ou} [frœ^{y}ô]
ralenti	**o retardador**	ou reutœrdœdôr
Combien de temps vous faut-il pour le réparer?	**Quanto tempo vai levar para fazer o conserto [consertar]?**	k^{ou}œ̃tou tẽpou vaï leuvar pœrœ fœzér ou kõssértou [kõssértar]

3. Cause de la panne

C'est maintenant au mécanicien de trouver la cause de la panne et d'y remédier. Présentez-lui le manuel et faites-lui lire le paragraphe suivant:

Por favor, veja a lista que se segue e aponte onde está a avaria. Se o cliente quiser saber exactamente o que há, mostre-lho na lista (partido, com curto-circuito, etc.).*

afogador	starter
amortecedor	amortisseur
anéis	segments
ar	starter
aro da roda	jante
arrefecimento (do óleo)	refroidissement de l'huile
arrefecimento (sistema de)	système de refroidissement
barra de comando	arbre à came
barra de ligação	connexion
bateria	batterie
água da bateria	liquide de la batterie
placas da bateria	éléments de la batterie
biela	bielle
bloco do cilindro	bloc
bobina (de ignição)	bobine d'allumage
bóia	flotteur
bomba	pompe
bomba de água	pompe à eau
bomba de injecção	pompe à injection
bomba de óleo	pompe à huile
cabeça do cilindro	culasse
cabeçote do cilindro	culasse
cabo	câble
caixa de direcção	boîte de direction
carburador	carburateur
cárter do óleo	carter
cavilha	boulon
chassi	châssis
cilindro	cylindre
colector do motor de arranque	collecteur du démarreur

* Veuillez regarder la liste ci-après et montrer du doigt la pièce défectueuse. Si votre client désire connaître le défaut, montrez-lui ce qui ne va pas (abîmé, court-circuit, etc.) au moyen de la liste suivante.

coluna de direcção	arbre de direction
comutador/botão dos mínimos	commutateur/bouton des feux codes
condensador	condensateur
contactor	contact
cremalheira e carrete	crémaillère et pignon
diafragma	diaphragme
diferencial	différentiel
dínamo	dynamo
direcção	direction
distribuidor	distributeur
eixo de distribuição	arbre à came
eixo de manivela	vilebrequin
eixo de transmissão [eixe de hélice]	arbre de transmission
êmbolo/pistão	piston
embraiagem	embrayage
disco da embraiagem	disque d'embrayage
pedal da embraiagem	pédale d'embrayage
escovas do limpa-vidros	balais d'essuie-glaces
estabilizador	stabilisateur
excêntrico	culbuteur
filtro	filtre
filtro de ar	filtre à air
filtro de óleo	filtre à huile
fios do distribuidor	câbles du distributeur
fios eléctricos	câbles
freio	frein
gasolina	essence
bomba da gasolina	pompe à essence
depósito da gasolina	réservoir d'essence
entrada da gasolina	arrivée d'essence
guarnição	garniture
indicador de nível	jauge
indicador de nível da gasolina	jauge à essence
interruptor dos faróis	commutateur
junta	joint
junta para cabeça de cilindro	joint de culasse
lâmpada-testemunha	lampe-témoin
ligação	connexion
mola	ressort
motor	moteur
motor de arranque	démarreur
pneus	pneus
radiador	radiateur
tampa do radiador	bouchon du radiateur

reflector réflecteur
refrigeração système de refroidissement
reservatório para o óleo réservoir d'huile
roda volante volant
rodas roues
rodas dentadas pignons
sistema eléctrico système électrique
suspensão suspension
termostato thermostat
transmissão transmission
travão [freio] frein
  guarnição do travão garniture de frein
  segmento do travão segment de frein
  tambor do travão tambour de frein
  travão de mão frein à main
  travões hidráulicos freins hydrauliques
tubo de escape pot d'échappement
válvula soupape
veio arbre
velas bougies
velocidade vitesse
  afinação da ignição réglage de l'allumage
  alavanca de velocidades levier de vitesses
  caixa de velocidades boîte à vitesses
ventoinha ventilateur
  correia da ventoinha courroie du ventilateur
volante volant

A lista seguinte contém as palavras que designam a causa da avaria e a maneira de repará-la.*

afrouxar desserrer
ajustar ajuster
alto haut
apertar reserrer
aquecendo demais chauffe trop
baixo bas
bloqueado bloqué
carregar charger
com defeito défectueux
corroído rouillé
defeituoso défectueux
desligado débranché

* La liste suivante contient des mots désignant la cause de la panne et le moyen de la réparer.

desmontar	démonter
equilibrar	équilibrer
escapando	a une fuite
falhando	a des ratés
fraco	faible
frouxo	détendu
furado	troué, crevé (pneu)
gasto	usé
gelado	gelé
limar	roder
limpar	nettoyer
mudar	changer
não carrega	déchargé
patina	patine
quebrado	cassé
queimado	brûlé
rachado	fêlé
rápido	rapide
revestir	regarnir
rico	riche
seco	sec
solto	trop lâche, desserré
sujo	encrassé
tem um curto-circuito	a eu un court-circuit
ter jogo	a du jeu
usado	rongé
vazar	vidanger

4. Réparation

Avez-vous trouvé ce qui est défectueux?	**Encontrou a avaria?**	ẽkõtrô œ œvœriœ
Est-ce grave?	**É coisa grave?**	è **koï**zœ **gra**veu
Pouvez-vous réparer?	**Pode reparar?**	**po**deu reupœ**rar**
Pouvez-vous le faire maintenant?	**Pode fazê-lo já?**	**po**deu fœ**zé** lou ja
Combien cela coûtera-t-il?	**Quanto poderá custar?**	**k**ᵒᵘ**œ̃**tou poudeu**ra** kouch**tar**

Que faire si le mécanicien dit «non»?

Pourquoi ne pouvez-vous pas effectuer la réparation?	**Porque não pode fazer a reparação?**	pour**keu** nœ̃ᵒᵘ **po**deu fœ**zér** œ reupœrœ**ssœ̃**ᵒᵘ

Cette pièce est-elle indispensable?	**É indispensável ter essa peça?**	è ĩdɨchpẽssavèl tér èssœ pèssœ
Combien de temps vous faut-il pour vous procurer les pièces de rechange?	**Quanto tempo leva para arranjar peças sobresse-lentes?**	kᵒᵘœ̃tou tẽpou lèvœ pœrœ œrrœ̃jar œch pèssœch soubreusseu-lẽteuch
Où est le garage le plus proche qui puisse me le réparer?	**Onde fica a para-gem mais próxima que possa fazer a reparação?**	õdeu fikœ œ gœra-jœ̃ʸ maïch prossimœ keu possœ fœzér œ reupœrœssœ̃ᵒᵘ
Pouvez-vous me faire une réparation pro-visoire pour me per-mettre d'arriver à...?	**Pode arranjar de maneira a eu poder ir até...?**	podeu œrrœ̃jar deu mœnœʸrœ œ éᵒᵘ poudér ir œtè

Et si votre voiture est totalement immobilisée, demandez:

Puis-je laisser ma voiture ici pour une journée/quelques jours?	**Posso deixar o carro aqui por um dia/alguns dias?**	possou dœʸchar ou karrou œki pour õũ diœ/algõũch diœch

La facture

Avez-vous tout réparé?	**Está tudo em ordem?**	ɨchta toudou œ̃ʸ ordœ̃ʸ
Combien vous dois-je?	**Quanto devo?**	kᵒᵘœ̃tou dévou
Acceptez-vous les chèques de voyage?	**Aceita cheques de viagem?**	œssœʸtœ chèkeuch deu vyajœ̃ʸ
Merci beaucoup de votre aide.	**Muito obrigado/a pelo trabalho.**	mõũʸtou ôbrigadou/œ pélou trœbalyou
Voici pour vous.	**Isto é para si.**	ichtou è pœrœ si

Si vous avez l'impression que le travail n'a pas été fait correctement ou que le montant de la facture est trop élevé, demandez un décompte détaillé.

Je voudrais d'abord contrôler la facture. Voulez-vous m'en indiquer le détail?	**Gostaria primeiro de verificar a conta. Pode dar--me a conta especificada?**	gouchtœriœ primœʸrou deu veurɨfikar œ kõtœ. podeu dar meu œ kõtœ ɨchpeussɨfikadœ

Panneaux de signalisation

interdiction de circuler

passage interdit

dépassement interdit

file de gauche prioritaire

vitesse limitée

défense de parquer

attention

croisement

virages dangereux

chaussée étroite

croisement prioritaire

trafic à deux voies

pente dangereuse

chaussée déformée

chutes de pierres

cédez le passage

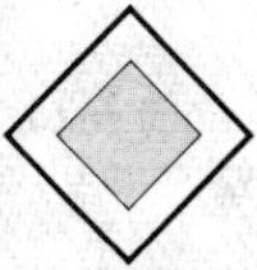
route prioritaire

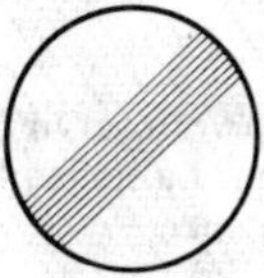
fin d'inter-
diction

sens unique

sens du trafic

sens giratoire

réservé aux
byciclettes

réservé aux
piétons

vitesse
minimum

serrez à droite
(à gauche si la
flèche est in-
versée)

parc

hôpital

autoroute

réservé aux
véhicules à moteur

station-
service

cul-de-sac

Médecin

Soyons francs: à quoi peut bien vous servir un manuel en cas de blessure grave ou de maladie? La seule phrase à connaître par cœur est alors, en cas d'urgence:

Vite, un médecin!	**Chame um médico, depressa!**	**chœ**meu õu **mè**dikou deu**prè**ssœ

Il y a pourtant des maux, des douleurs, des malaises et des troubles bénins qui peuvent bouleverser le voyage le mieux organisé. C'est dans ces cas-là que nous pouvons nous rendre utiles auprès de vous ou même de votre médecin.

Il arrive que ce dernier parle français, ou qu'il en sache assez pour vos besoins. Mais supposons que des problèmes de langue l'empêchent de vous donner une explication. Nous y avons pensé. Comme vous le constaterez, ce chapitre a été conçu de façon à établir le dialogue entre le médecin et vous. Aux pages 165 à 171, ce que vous aurez à dire figure dans la partie supérieure de la page; le médecin utilisera la partie inférieure.

Le chapitre est divisé en 3 parties: la maladie, les blessures, la tension nerveuse. A la page 171, nous traiterons des ordonnances et des honoraires.

Généralités

J'ai besoin d'un médecin, vite.	**Preciso de um médico, depressa.**	preu**ssi**zou deu õu **mè**dikou deu**prè**ssœ
Y a-t-il un médecin ici?	**Há aqui um médico?**	a œ**ki** õu **mè**dikou
Téléphonez immédiatement à un médecin, je vous prie.	**Telefone a um médico imediatamente, por favor.**	teuleu**fo**neu œ õu **mè**dikou imeudyatœ**mẽ**teu pour fœ**vôr**
Où y a-t-il un médecin qui parle français?	**Onde há um médico que fale francês?**	**õ**deu a õu **mè**dikou keu **fa**leu frœ̃**ssé**ch

Veuillez téléphoner au consulat français/belge/suisse.	**Por favor, telefone para o consulado francês/belga/suíço.**	pour fœ**vôr** teuleu**fo**neu pœrœ ou kõssou**la**dou frœ**sséch**/**bèl**gœ/s[ou]**i**ssou
Où est le cabinet du médecin?	**Onde é o consultório médico?**	**õ**deu è ou kõssoul**to**ryou **mè**dikou
Quelles sont les heures de consultation?	**Qual é o horário das consultas?**	k[ou]**al** è ou ô**ra**ryou dœch kõ**ssoul**tœch
Le médecin peut-il venir me voir ici?	**O médico poderá vir examinar-me aqui?**	ou **mè**dikou poudeu**ra** vir izœmi**nar** meu œ**ki**
A quelle heure le médecin peut-il venir?	**A que horas pode vir o médico?**	œ keu **o**rœch **po**deu vir ou **mè**dikou

Symptômes

Ce chapitre doit vous permettre d'exposer au médecin ce qui ne va pas. Il voudra probablement savoir:

Quoi? (maux, douleurs, contusions, etc.)
Où? (au bras, à l'estomac, etc.)
Depuis quand?

Avant de consulter le médecin, cherchez les réponses à ces questions en parcourant les pages suivantes. Vous gagnerez ainsi du temps.

Parties du corps

amygdales	**as amígdalas**	œch œ**mi**dœlœch
appendice	**a apêndice**	œ œ**pẽ**disseu
artère	**a artéria**	œ œr**tè**ryœ
articulation	**a articulação**	œ œrtikoulœ**ssœ̃**[ou]
bouche	**a boca**	œ **bô**kœ
bras	**o braço**	ou **bra**ssou
cheveux	**o cabelo**	ou kœ**bé**lou
cheville	**o tornozelo**	ou tournou**zé**lou
clavicule	**a clavícula**	œ klœ**vi**koulœ
cœur	**o coração**	ou kourœ**ssœ̃**[ou]

colonne vertébrale	**a coluna vertebral**	œ kou**lou**nœ veurteu**bral**
côte	**a costela**	œ kou**chtè**lœ
cou	**o pescoço**	ou pɨ**chkô**ssou
coude	**o cotovelo**	ou koutou**vé**lou
cuisse	**a coxa**	œ **kô**chœ
doigt	**o dedo**	ou **dé**dou
dos	**as costas**	œch **kôch**tœch
épaule	**o ombro**	ou **õ**brou
estomac	**o estômago**	ou ɨch**tô**mœgou
foie	**o fígado**	ou **fi**gœdou
front	**a testa**	œ **tèch**tœ
genou	**o joelho**	ou **j^{ou}œ^{y}**lyou
glande	**a glândula**	œ **glœ̃**doulœ
gorge	**a garganta**	œ gœr**gœ̃**tœ
hanche	**a anca [o quadril]**	œ **œ̃**kœ [ô k^{ou}**adril**]
intestins	**os intestinos**	ouch ĩteu**chti**nouch
jambe	**a perna**	œ **pèr**nœ
joue	**a maçã do rosto**	œ mœ**ssœ̃** dou **rôch**tou
langue	**a língua**	œ **lĩ**g^{ou}œ
lèvre	**o lábio**	ou **la**byou
mâchoire	**o maxilar**	ou maksi**lar**
main	**a mão**	œ mœ̃^{ou}
menton	**o queixo**	ou **kœ^{y}**chou
muscle	**o músculo**	ou **mouch**koulou
nerf	**o nervo**	ou **nèr**vou
nez	**o nariz**	ou nœ**rich**
œil	**o olho**	ou **ô**lyou
oreille	**a orelha**	œ ô**rœ^{y}**lyœ
orteil	**o dedo do pé**	ou **dé**dou dou pè
os	**o osso**	ou **ô**ssou
peau	**a pele**	œ **pè**leu
pied	**o pé**	ou pè
poignet	**o punho**	ou **pou**gnou
poitrine	**o peito, o tórax**	ou **pœ^{y}**tou ou **to**rœks
poumon	**o pulmão**	ou poul**mœ̃^{ou}**
rotule	**a rótula**	œ **ro**toulœ
sang	**o sangue**	ou **sœ̃**gheu
système nerveux	**o sistema nervoso**	ou sɨ**chté**mœ neur**vô**zou
talon	**o calcanhar**	ou kalkœ**gnar**
tendon	**o tendão**	ou tẽ**dœ̃^{ou}**
tête	**a cabeça**	œ kœ**bé**ssœ
urine	**a urina**	œ ou**ri**nœ
veine	**a veia**	œ **vœ^{y}**œ
vésicule biliaire	**a vesícula biliar**	œ veuzikoulœ bi**lyar**
vessie	**a bexiga**	œ beu**chi**gœ
visage	**o rosto**	ou **rôch**tou

PATIENT

1. Maladie

Je ne me sens pas bien.	**Não me sinto bem.**	nœ̃^{ou} meu **s**ĩtou bœ̃^{y}
Je suis malade.	**Estou doente.**	**ichtô d**^{ou}**ẽ**teu
J'ai une douleur ici.	**Tenho uma dor**	**t**œ^{y}gnou **ou**mœ dôr
Son/Sa... lui fait mal.	**Dói-lhe o/a...**	do^{y} lyeu ou/œ
J'ai...	**Tenho...**	**t**œ^{y}gnou
fièvre	**febre**	**fè**breu
mal au dos	**dor nas costas**	dôr nœch **koch**tœch
mal à la gorge	**dor de garganta**	dôr deu gœr**g**œ̃tœ̃
mal de voyage	**o enjoo de viagem**	ou ẽ**j**ô ou deu **vya**jœ̃^{y}
maux de tête	**dor de cabeça**	dôr deu kœ**bé**ssœ
Je suis constipé.	**Tenho prisão de ventre.**	**t**œ^{y}gnou pri**z**œ̃^{ou} deu **v**ẽtreu
J'ai eu des vomissements.	**Vomitei.**	voumi**t**œ^{y}

MEDECIN

1. A doença

O que tem/O que sente?	Qu'est-ce qui ne va pas?
Onde tem a dor?	Où avez-vous mal?
Há quanto tempo tem esta dor?	Depuis combien de temps éprouvez-vous cette douleur?
Há quanto tempo se sente assim?	Depuis combien de temps vous sentez-vous ainsi?
Levante a manga.	Relevez votre manche.
Dispa-se até à cintura, por favor.	Déshabillez-vous jusqu'à la ceinture, s'il vous plaît.
Tire as calças e as cuecas, por favor.	Enlevez votre pantalon et votre slip, je vous prie.

PATIENT

Je me sens faible.	**Sinto-me fraco(a).**	sĩtou meu **frakou**(œ)
La tête me tourne.	**Sinto-me tonto(a).**	sĩtou meu **tõtou**(œ)
J'ai des nausées/ des frissons.	**Sinto-me enjoado(a)/com calafrios.**	sĩtou meu **ẽjouadou** (œ)/ kõ kœlœ**friouch**
J'ai/Il a/Elle a...	**Tenho/Ele tem/Ela tem...**	**tœygnou/éleu tœ̃y/èlœ tœ̃y**
abcès	**um abcesso**	õu œb**ssè**ssou
asthme	**asma**	**aj**mœ
coqueluche	**tosse convulsa**	**to**sseu kõ**voul**sœ
coup de soleil	**queimadura de sol**	kœymœ**dou**rœ deu sol
crampes	**cãibras**	**kœ̃y**brœch
diarrhée	**diarreia**	dyœ**rrœy**œ
fièvre	**febre**	**fè**breu
furoncle	**furúnculo**	fou**rõu**koulou
grippe	**uma gripe**	oumœ **gri**peu
hernie	**uma hérnia**	oumœ **èr**nyœ

MEDECIN

Deite-se ali, por favor.	Etendez-vous ici, je vous prie.
Abra a boca.	Ouvrez la bouche.
Respire fundo.	Respirez profondément.
Tussa, por favor.	Toussez, s.v.p.
Tenho de lhe tirar a temperatura.	Je vais prendre votre température.
É a primeira vez que sente isto?	Est-ce la première fois que vous en souffrez?
Preciso de um pouco da sua urina/das suas fezes.	Je voudrais un prélèvement d'urine/des selles.

MÉDECIN

PATIENT

indigestion	**uma indigestão**	**ou**mœ ĩdĩjeuch**tœ̃**^{ou}
inflammation de...	**uma inflamação de...**	**ou**mœ ĩflœmœ**ssœ̃**^{ou} deu
insolation	**uma insolação**	**ou**mœ ĩssoulœ**ssœ̃**^{ou}
nausées matinales	**enjoo matinal**	ẽjôou mœti**nal**
refroidissement	**um resfriamento**	õu reuchfryœ**mẽ**tou
rhumatisme	**reumatismo**	ré^{ou}mœ**tij**mou
rhume	**constipação**	kõchtipœ**ssœ̃**^{ou}
rhume des foins	**febre dos fenos**	**fè**breu douch **fé**nouch
torticolis	**um torcícolo**	õu toursi**ko**lou
ulcère	**uma úlcera**	**ou**mœ **oul**seurœ
J'espère que ce n'est pas grave.	**Espero que não seja nada de grave.**	ĩ**chpè**rou keu nœ̃^{ou} **sœ**^{y}jœ **na**dœ deu **gra**veu
Je voudrais que vous me fassiez une ordonnance.	**Queria que me receitasse um medicamento [remédio].**	keu**ri**œ keu meu reussœ^{y}**ta**sseu õu meudikœ**mẽ**tou [ré**mè**dyô]

MEDECIN

Não há razão para preocupações.	Ce n'est rien.
Tem de ficar na cama ... dias.	Il vous faut garder le lit pendant... jours.
Tem...	Vous avez...
uma apendicite	une appendicite
artrite	de l'arthrite
uma constipação	un rhume
uma gripe	la grippe
uma pneumonia	une pneumonie
Está muito cansado. Precisa de repouso.	Vous êtes surmené. Vous avez besoin de repos.
Quero que vá fazer um exame geral ao hospital.	Il faut vous rendre à l'hôpital pour un examen médical complet.
Receito-lhe um antibiótico.	Je vais vous prescrire un antibiotique.

PATIENT

Je suis diabétique.	**Sou diabético.**	sô dyœbètikou
Je suis cardiaque.	**Sou cardíaco.**	sô kœrdiœkou
J'ai eu une crise cardiaque en...	**Tive um ataque cardíaco em...**	tiveu oũ œtakeu kœrdiœkou œ̃^{y}
Je suis allergique à...	**Sou alérgico a...**	sô œlèrjikou œ
Voici le médicament que je prends d'habitude.	**Este é o medicamento [remédio] que costumo tomar.**	échteu è ou meudikœmẽtou [rémèdyô] keu kouchtoumou toumar
J'ai besoin de ce médicament.	**Preciso deste medicamento.**	preussizou déchteu meudikœmẽtou
J'attends un bébé.	**Espero um bébé [nenê].**	ɨchpèrou oũ bèbè [nènè]
Puis-je voyager?	**Posso viajar?**	possou vyœjar

MEDECIN

Qual é a dose de insulina que está a tomar?	Quelle dose d'insuline prenez-vous?
Em injecção ou por via oral?	En injection ou par voie buccale?
Que tratamento tem seguido?	Quel traitement avez-vous suivi?
Que medicamento [remédio] está a tomar?	Quel médicament avez-vous pris?
Teve um (ligeiro) ataque cardíaco.	Vous avez eu une (légère) crise cardiaque.
Não temos... em Portugal/Brasil.	Nous n'avons pas... au Portugal/Brésil.
Isto é similar.	Ceci est analogue.
Quando nasce o bébé?	Quand le bébé doit-il naître?
Não poderá viajar até...	Vous ne pouvez pas voyager avant...

PATIENT

2. Blessures

Pouvez-vous examiner ce/cette...?	**Pode ver...?**	podeu vér
ampoule	**esta bolha**	èchtœ bôlyœ
blessure	**esta ferida**	èchtœ feuridœ
bosse	**este papo**	échteu papou
brûlure	**esta queimadura**	èchtœ kœ^{y}mœdourœ
contusion	**esta contusão**	èchtœ kõtouzœ̃^{ou}
coupure	**este golpe [corte]**	échteu golpeu [kortɨ]
écorchure	**esta arranhadura**	èchtœ œrrœ̃gnœdourœ
enflure	**este inchaço**	échteu ĩchassou
éruption	**esta erupção**	èchtœ ɨroupsœ̃^{ou}
furoncle	**este furúnculo**	échteu fourõukoulou
piqûre	**esta picadela**	èchtœ pikœdèlœ
piqûre d'insecte	**esta picadela de insecto**	èchtœ pikœdèlœ deu ĩssètou
Je ne peux pas bouger le/la... Cela me fait mal.	**Não posso mexer o/a... Dói-me.**	nœ̃^{ou} possou meuchér ou/œ...do^{y} meu

---

MEDECIN

2. Feridas

(Não) Está infectado.	C'est (Ce n'est pas) infecté.
Tem uma hérnia discal.	Vous avez une hernie discale.
Quero que faça uma radiografia.	Je voudrais que vous vous fassiez radiographier.
Está...	C'est...
deslocado/rasgado partido [quebrado]/torcido	démis/déchiré cassé/foulé
Tem uma distensão muscular.	Vous avez un muscle froissé.
Dou-lhe um antiséptico.	Je vais vous donner un antiseptique.
Não é nada de grave.	Ce n'est pas grave.
Quero que venha ver-me dentro de... dias.	Revenez me voir dans... jours.

PATIENT

3. Tension nerveuse

Je suis nerveux.	**Estou num estado de nervos.**	ɨchtô nõu ɨchtadou deu nérvouch
Je me sens déprimé.	**Sinto-me deprimido**	sĩtou meu deuprimidou
Je voudrais un somnifère.	**Quero um sonífero.**	kèrou õu sounifeurou
Je ne peux pas manger.	**Não posso comer.**	nœ̃^{ou} possou koumér
Je ne peux pas dormir.	**Não posso dormir.**	nœ̃^{ou} possou dourmir
J'ai des cauchemars.	**Tenho pesadelos.**	tœ^{y}gnou peuzœdélouch
Pouvez-vous me prescrire un...?	**Pode receitar-me um...?**	podeu reussœ^{y}tar meu õu
antidépressif	**anti-deprimente**	œ̃ti deuprimẽteu
sédatif	**sedativo**	seudœtivou
tranquillisant	**tranquilizante**	trœ̃k^{ou}ilizœ̃teu

MEDECIN

3. Tensão nervosa

Está a sofrer de tensão nervosa.	Vous souffrez de tension nerveuse.
Precisa de repouso.	Vous avez besoin de repos.
Que pílulas tem tomado?	Quelles pilules prenez-vous?
Quantas por dia?	Combien par jour?
Há quanto tempo se sente assim?	Depuis combien de temps vous sentez-vous ainsi?
Receito-lhe uns comprimidos.	Je vais vous prescrire des pilules.
Vou dar-lhe um sedativo.	Je vais vous donner un sédatif.

PATIENT

Ordonnances et posologie

Quel genre de médicament est-ce?	**Que tipo de medicamento [remédio] é este?**	keu **ti**pou deu meudikœmẽtou [ré**mè**dyô] è **éch**teu
Combien de fois par jour dois-je le prendre?	**Quantas vezes por dia devo tomá-lo?**	k^ou^œ̃tœch **vé**zeuch pour diœ **dé**vou tou**ma** lou
Dois-je les avaler entiers?	**Devo tomá-las inteiras?**	**dé**vou tou**ma** lœch ĩtœ^y^rœch

Honoraires

Combien vous dois-je?	**Quanto devo?**	**k^ou^œ̃tou dé**vou
Faut-il vous payer maintenant ou m'enverrez-vous la note?	**Pago agora ou manda-me a conta?**	**pa**gou œ**go**rœ ô **mœ̃**dœ meu œ **kõ**tœ
Merci de votre aide, Docteur.	**Obrigado/a, Doutor.**	ôbri**ga**dou/œ dô**tôr**

MEDECIN

Receitas e doses

Tome... colheres de chá deste medicamento [remédio] de... em... horas.	Prenez... cuillères à thé de ce médicament toutes les... heures.
Tome... comprimidos com um copo de água...	Prenez... pilules avec un verre d'eau...
... vezes por dia **antes de cada refeição** **depois de cada refeição** **de manhã** **à noite**	... fois par jour avant chaque repas après chaque repas le matin le soir

Honorários

São..., por favor.	Cela fait..., s.v.p.
É melhor pagar já.	Veuillez me payer maintenant.
Mando-lhe a conta.	Je vous enverrai la facture.

POUR LES NOMBRES, voir page 175

Dentiste

Pouvez-vous me recommander un bon dentiste?	**Pode aconselhar--me um bom dentista?**	podeu œkõsseulyar meu õũ bõ dẽtichtœ
Puis-je prendre rendez-vous (d'urgence) chez le Docteur ...?	**Posso marcar uma consulta (urgente) para o Doutor...**	possou mœrkar oumœ kõssoultœ (ourjẽteu) pœrœ ou dôtôr
Ne pouvez-vous pas me fixer un rendez-vous plus tôt?	**Não pode ser antes?**	nœ̃ou podeu sér œ̃tɨch
J'ai mal aux dents.	**Tenho uma dor de dentes.**	tœygnou oumœ dôr deu dẽteuch
J'ai un abcès.	**Tenho um abcesso.**	tœygnou õũ œbsèssou
Cette dent me fait mal.	**Este dente dói-me.**	échteu dẽteu doy meu
en haut en bas	**em cima em baixo**	œ̃y simœ œ̃y baïchou
Pouvez-vous me donner des soins provisoires?	**Pode arranjá-lo temporariamente?**	podeu œrrœ̃ja lou tẽpouraryœmẽteu
Je ne veux pas que vous l'arrachiez.	**Não o quero arrancar.**	nœ̃ou ou kèrou œrrœ̃kar
J'ai perdu un plombage.	**Perdi um chumbo.**	peurdi õũ choũbou
Je voudrais un traitement sous anesthésie.	**Faça o tratamento com anestesia.**	fassœ ou trœtœmẽtou kõ œneuchteuziœ
La gencive est très irritée.	**A gengiva está muito inflamada.**	œ jẽjivœ ɨchta mõuytou ĩflœmadœ
La gencive saigne.	**A gengiva sangra.**	œ jẽjivœ sœ̃grœ

Dentiers

J'ai cassé mon dentier.	**Parti [Quebrei] a dentadura.**	pœrti [kèbrœy] œ dẽtœdourœ
Pouvez-vous réparer ce dentier?	**Pode consertar esta dentadura?**	podeu kõsseurtar èchtœ dẽtœdourœ
Quand sera-t-il prêt?	**Quando estará pronta?**	kouœ̃dou ɨchtœra prõtœ

Opticien

J'ai cassé mes lunettes.	**Parti [Quebrei] os meus óculos.**	pœrti [kèbrœ^{y}] ouch mé^{ou}ch okoulouch
Pouvez-vous me les réparer?	**Pode consertá-los?**	podeu kõsseurta louch
Quand seront-elles prêtes?	**Quando estarão prontos?**	k^{ou}œ̃dou ɨchtœrœ̃^{ou} prõtouch
Pouvez-vous changer les verres?	**Pode mudar as lentes?**	podeu moudar œch lẽteuch
Je désire des verres teintés.	**Quero lentes fumadas.**	kèrou lẽteuch foumadœch
Je désire des verres de contact.	**Quero lentes de contacto.**	kèrou lẽteuch deu kõtaktou
Je voudrais un liquide pour nettoyer et désinfecter les verres de contact.	**Quero um líquido para limpar e desinfectar lentes de contacto.**	kèrou ũ likidou pœrœ lĩpar i deuzĩfètar lẽteuch deu kõtaktou
Je voudrais acheter des jumelles.	**Queria comprar um binóculo.**	keuriœ kõprar ũ binokoulou
Je voudrais acheter des lunettes de soleil.	**Queria comprar um par de óculos escuros.**	keuriœ kõprar ũ par deu okoulouch ɨchkourouch
Combien vous dois-je?	**Quanto devo?**	k^{ou}œ̃tou dévou
Faut-il payer tout de suite ou m'enverrez-vous la facture?	**Pago agora ou manda-me a conta?**	pagou œgorœ ô mœ̃dœ meu œ kõtœ

OPTICIEN

Renseignements divers

D'où venez-vous?

D'où venez-vous?	**O Sr./A Sr.ª/Você vem de que país?**	ou sɨ**gnôr**/œ sɨ**gnô**rœ/ vo**ssé** vœ^{y} deu keu pœ**ich**
Afrique	**África**	afrikœ
Amérique du Nord	**América do Norte**	œmèrikœ dou **nor**teu
Amérique du Sud	**América do Sul**	œmèrikœ dou soul
Asie	**Ásia**	azyœ
Australie	**Austrália**	a^{ou}**chtral**yœ
Europe	**Europa**	é^{ou}**ro**pœ
Açores	**os Açores**	ouch œ**ssô**reuch
Allemagne	**Alemanha**	œleu**mœ**gnœ
Angleterre	**Inglaterra**	ĩglœ**tè**rrœ
Argentine	**Argentina**	œrjẽtinœ
Autriche	**Áustria**	a^{ou}**ch**tryœ
Belgique	**Bélgica**	**bèl**jikœ
Brésil	**Brasil**	brœ**zil**
Canada	**Canadá**	kœnœ**da**
Chili	**Chile**	**chi**leu
Chine	**China**	**chi**nœ
Espagne	**Espanha**	ɨch**pœ**gnœ
Etats-Unis	**Estados Unidos**	ɨch**ta**douch ouni**douch**
France	**França**	fr**œ̃**ssœ
Hollande	**Holanda**	ol**œ̃**dœ
Inde	**Índia**	ĩdyœ
Irlande	**Irlanda**	irl**œ̃**dœ
Israël	**Israel**	ijrœ**èl**
Italie	**Itália**	i**ta**lyœ
Japon	**Japão**	jœ**pœ̃^{ou}**
Luxembourg	**Luxemburgo**	louchẽ**bour**gou
Madère	**Madeira**	mœ**dœ^{y}**rœ
Maroc	**Marrocos**	mœ**rro**kouch
Mexique	**México**	**mè**chikou
Norvège	**Noruega**	nor^{ou}**è**gœ
Paraguay	**Paraguai**	pœrœ**g^{ou}aï**
Portugal	**Portugal**	pourtou**gal**
Scandinavie	**Escandinávia**	ɨchkœ̃di**na**vyœ
Suède	**Suécia**	**s^{ou}è**ssyœ
Suisse	**Suíça**	**s^{ou}i**ssœ
Union soviétique	**União Soviética**	ouny**œ̃^{ou}** souvy**è**tikœ
Uruguay	**Uruguai**	ouroug^{ou}**aï**

Nombres

0	**zero**	zèrou
1	**um/uma**	oũ/**ou**mœ
2	**dois/duas**	doïch/**dou**œch
3	**três**	tréch
4	**quatro**	**k**ᵒᵘ**a**trou
5	**cinco**	sĩkou
6	**seis**	sœʸch
7	**sete**	**sè**teu
8	**oito**	**oï**tou
9	**nove**	**no**veu
10	**dez**	dèch
11	**onze**	**õ**zeu
12	**doze**	**dô**zeu
13	**treze**	**tré**zeu
14	**catorze**	kœ**tôr**zeu
15	**quinze**	**kĩ**zeu
16	**dezasseis**	deuzœ**ssœʸch**
17	**dezassete**	deuzœ**ssè**teu
18	**dezoito**	deuz**oʸ**tou
19	**dezanove**	deuzœ**no**veu
20	**vinte**	**vĩ**teu
21	**vinte e um**	**vĩ**teu i oũ
22	**vinte e dois**	**vĩ**teu i doïch
30	**trinta**	**trĩ**tœ
31	**trinta e um**	**trĩ**tœ i oũ
32	**trinta e dois**	**trĩ**tœ i doïch
40	**quarenta**	kᵒᵘœ**rẽ**tœ
41	**quarenta e um**	kᵒᵘœ**rẽ**tœ i oũ
42	**quarenta e dois**	kᵒᵘœ**rẽ**tœ i doïch
50	**cinquenta**	sĩ**k**ᵒᵘ**ẽ**tœ
51	**cinquenta e um**	sĩ**k**ᵒᵘ**ẽ**tœ i oũ
52	**cinquenta e dois**	sĩ**k**ᵒᵘ**ẽ**tœ i doïch
60	**sessenta**	seu**ssẽ**tœ
61	**sessenta e um**	seu**ssẽ**tœ i oũ
62	**sessenta e dois**	seu**ssẽ**tœ i doïch
70	**setenta**	seu**tẽ**tœ
71	**setenta e um**	seu**tẽ**tœ i oũ
72	**setenta e dois**	seu**tẽ**tœ i doïch
80	**oitenta**	oï**tẽ**tœ
81	**oitenta e um**	oï**tẽ**tœ i oũ
82	**oitenta e dois**	oï**tẽ**tœ i doïch
90	**noventa**	nou**vẽ**tœ
91	**noventa e um**	nou**vẽ**tœ i oũ
92	**noventa e dois**	nou**vẽ**tœ i doïch
100	**cem**	sœ̃ʸ

101	**cento e um**	**sẽ**tou i õu
110	**cento e dez**	**sẽ**tou i dèch
200	**duzentos**	dou**zẽ**touch
300	**trezentos**	treu**zẽ**touch
400	**quatrocentos**	k^{ou}atrou**ssẽ**touch
500	**quinhentos**	ki**gnẽ**touch
600	**seiscentos**	sœ^{y}ch**sẽ**touch
700	**setecentos**	sèteu**ssẽ**touch
800	**oitocentos**	oïtou**ssẽ**touch
900	**novecentos**	noveu**ssẽ**touch
1.000	**mil**	mil
1.100	**mil e cem**	mil i sœ̃^{y}
10.000	**dez mil**	dèch mil
50.000	**cinquenta mil**	sĩ**k^{ou}ẽ**tœ mil
100.000	**cem mil**	sœ̃^{y} mil
1.000.000	**um milhão**	õu mi**lyœ̃^{ou}**
1.000.000.000	**um bilião**	õu bi**lyœ̃^{ou}**
premier	**primeiro**	pri**mœ^{y}**rou
second	**segundo**	seu**gõu**dou
troisième	**terceiro**	teur**sœ^{y}**rou
quatrième	**quarto**	**k^{ou}ar**tou
cinquième	**quinto**	**kĩ**tou
sixième	**sexto**	**sœch**tou
septième	**sétimo**	**sè**timou
huitième	**oitavo**	oï**ta**vou
neuvième	**nono**	**nô**nou
dixième	**décimo**	**dè**ssimou
une fois	**uma vez**	**ou**mœ véch
deux fois	**duas vezes**	**dou**œch **vé**zeuch
trois fois	**três vezes**	tréch **vé**zeuch
un demi/une demie	**um meio/uma meia**	õu **mœ^{y}**ou/**ou**mœ **mœ^{y}**œ
la moitié de...	**metade de...**	meu**ta**deu deu
un quart	**um quarto**	õu **k^{ou}ar**tou
un tiers	**um terço**	õu **tér**sou
une paire de...	**um par de...**	õu par deu
une douzaine	**uma dúzia**	**ou**mœ **dou**zyœ

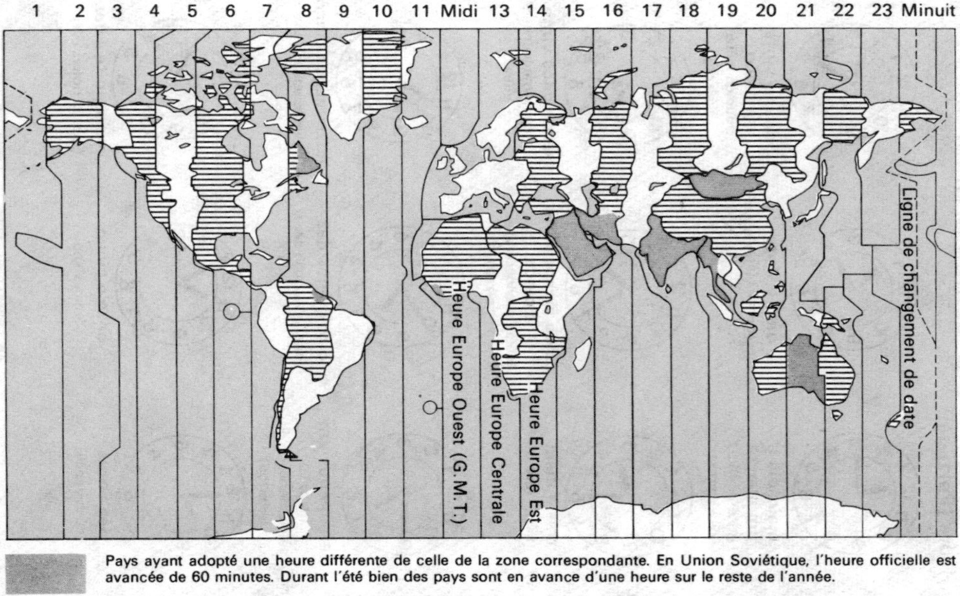

Pays ayant adopté une heure différente de celle de la zone correspondante. En Union Soviétique, l'heure officielle est avancée de 60 minutes. Durant l'été bien des pays sont en avance d'une heure sur le reste de l'année.

Heure (Portugal)

meio-dia e um quarto
(mœ^{v}ou diœ i õũ k^{ou}artou)

uma e vinte
(oumœ i vĩteu)

duas e vinte e cinco
(douœch i vĩteu i sĩkou)

três e meia
(tréch i mœ^{v}œ)

cinco menos vinte e cinco
(sĩkou ménouch vĩteu i sĩkou)

seis menos vinte
(sœ^{v}ch ménouch vĩteu)

sete menos um quarto
(sèteu ménouch õũ k^{ou}artou)

oito menos dez
(oïtou ménouch dèch)

nove menos cinco
(noveu ménouch sĩkou)

dez horas
(dèch orœch)

onze e cinco
(õzeu i sĩkou)

meia-noite e dez
(mœ^{v}œ noïteu i dèch)

Heure (Brésil et région de Lisbonne)

meio-dia e quinze
(mœʸou diœ i kĩzeu)

uma e vinte
(oumœ i vĩteu)

duas e vinte e cinco
(douœch i vĩteu i sĩkou)

três e meia
(tréch i mœʸœ)

vinte e cinco para as cinco
(vĩteu i sĩkou pœrœ œch sĩkou)

vinte para as seis
(vĩteu pœrœ œch sœʸch)

quinze para as sete
(kĩzeu pœrœ œch sèteu)

dez para as oito
(dèch pœrœ œch oïtou)

cinco para as nove
(sĩkou pœrœ œch noveu)

dez horas
(dèch orœch)

onze e cinco
(õzeu i sĩkou)

meia-noite e dez
(mœʸœ noïteu i dèch)

Expressions utiles

Quelle heure est-il?	**Que horas são?**	keu orœch sœ̃^{ou}
Il est...	**É.../São...**	è.../sœ̃^{ou}
Pardon. Pouvez-vous m'indiquer l'heure?	**Desculpe. Pode dizer-me as horas? [que horas são]?**	**dɨchkoul**peu. **po**deu di**zér** meu œch **o**rœch [kɨ **o**rass sœ̃^{ou}]
Je vous rencontrerai demain à...	**Encontramo-nos amanhã às...**	ẽkõ**trœ**mou nouch amœ**gnœ̃** ach
Veuillez excuser mon retard.	**Desculpe, estou atrasado/a.**	**dɨchkoul**peu ɨ**chtô** œtrœ**za**dou/œ
A quelle heure ouvre/ferme...?	**A que horas abre/fecha...?**	œ keu **o**rœch **a**breu/**fœ**^{y}chœ
Combien de temps cela durera-t-il?	**Quanto tempo demora?**	**k^{ou}œ̃**tou **tẽ**pou deu**mo**rœ
A quelle heure cela se terminera-t-il?	**A que horas termina?**	œ keu **o**rœch teur**mi**nœ
A quelle heure dois-je arriver?	**A que horas devo estar lá?**	œ keu **o**rœch **dé**vou **ɨchtar** la
A quelle heure arriverez-vous?	**A que horas chegará?**	œ keu **o**rœch cheugœ**ra**
Puis-je venir...?	**Posso vir...?**	**po**ssou vir
à 8 heures/à 2 heures et demie	**às oito/às duas e meia**	ach **oï**tou/ach **dou**œch i **mœ**^{y}œ
après (prép.)	**depois**	deu**poïch**
après (adv.)	**depois de...**	deu**poïch** deu
avant	**antes**	**œ̃tɨch**
tôt	**cedo**	**sé**dou
à l'heure	**a horas, a tempo**	œ **o**rœch, œ **tẽ**pou
tard	**tarde**	**tar**deu
midi	**meio-dia**	**mœ**^{y}ou **di**œ
minuit	**meia-noite**	**mœ**^{y}œ **noï**teu
heure	**hora**	**o**rœ
demi-heure	**meia-hora**	**mœ**^{y}œ **o**rœ
quart d'heure	**quarto de hora**	**k^{ou}ar**tou deu **o**rœ
minute	**minuto**	mi**nou**tou
seconde	**segundo**	se**gõu**dou

Jours

Quel jour sommes-nous?	**Que dia é hoje?**	keu diœ è ôjeu
dimanche	**domingo**	doumĩgou
lundi	**segunda-feira**	seugõudœ fœ^{y}rœ
mardi	**terça-feira**	térsœ fœ^{y}rœ
mercredi	**quarta-feira**	k^{ou}artœ fœ^{y}rœ
jeudi	**quinta-feira**	kĩtœ fœ^{y}rœ
vendredi	**sexta-feira**	sœ^{y}chtœ fœ^{y}rœ
samedi	**sábado**	sabœdou
le matin	**de manhã**	deu mœgnœ̃
pendant la journée	**durante o dia**	dourœ̃teu ou diœ
l'après-midi	**à tarde**	a tardeu
le soir	**à noite**	a noïteu
la nuit	**à noite**	a noïteu
hier	**ontem**	õtœ̃^{y}
aujourd'hui	**hoje**	ôjeu
demain	**amanhã**	amœgnœ̃
la veille	**na véspera**	nœ vèchpeurœ
le lendemain	**no dia seguinte**	nou diœ seughĩteu
le surlendemain	**dois dias depois**	doïch diœch deupoïch
il y a deux jours	**há dois dias**	a doïch diœch
dans trois jours	**daqui a três dias**	dœki œ tréch diœch
la semaine dernière	**na semana passada**	nœ seumœnœ pœssadœ
la semaine prochaine	**na próxima semana [a semana que vem]**	nœ prossimœ seumœnœ [a sémana kɨ vœ̃^{y}]
dans deux semaines	**daqui a duas semanas**	dœki œ douœch seumœnœch
anniversaire	**o aniversário**	ou œniveursaryou
fin de semaine	**o fim de semana**	ou fĩ deu seumœnœ
jour	**o dia**	ou diœ
jour de congé	**o dia de folga**	ou diœ deu folgœ
jour de semaine	**o dia de semana**	ou diœ deu seumœnœ
jour férié	**o dia feriado**	ou diœ feuryadou
jour ouvrable	**o dia útil**	ou diœ outil
mois	**o mês**	ou méch
semaine	**a semana**	œ seumœnœ
vacances	**as férias**	œch fèryœch
vacances scolaires	**as férias escolares**	œch fèryœch ɨchkoulareuch

Mois

janvier	**Janeiro**	jœnœ^{y}rou
février	**Fevereiro**	feuveurœ^{y}rou
mars	**Março**	marsou
avril	**Abril**	œbril
mai	**Maio**	maïou
juin	**Junho**	jougnou
juillet	**Julho**	joulyou
août	**Agosto**	œgôchtou
septembre	**Setembro**	seutẽbrou
octobre	**Outubro**	ôtoubrou
novembre	**Novembro**	nouvẽbrou
décembre	**Dezembro**	deuzẽbrou
depuis le mois de juin	**desde Junho**	déchdeu jougnou
pendant le mois d'août	**durante o mês de Agosto**	dourœ̃teu ou méch deu œgôchtou
le mois dernier	**o mês passado**	ou méch pœssadou
le mois prochain	**o próximo mês**	ou prossimou méch
le mois précédent	**o mês anterior**	ou méch œ̃teuryôr
le mois suivant	**o mês seguinte**	ou méch seughĩteu
1er juillet	**um [primeiro] de Julho**	õu [primœ^{y}rô] deu joulyou
17 mars	**dezassete de Março**	deuzœssèteu deu marsou

Remarque: Les noms des mois portent une majuscule en portugais.

Les en-têtes de lettres s'écrivent de cette manière:

Lisbonne, le 17 août 19..	**Lisboa, 17 de Agosto 19..**
São Paulo, le 1er juillet 19..	**São Paulo, 1 [1°] de Julho 19..**

Saisons

printemps	**a primavera**	œ primœvèrœ
été	**o verão**	ou veurœ̃^{ou}
automne	**o outono**	ou ôtônou
hiver	**o inverno**	ou ĩvèrnou
au printemps	**na primavera**	nœ primœvèrœ
pendant l'été	**durante o verão**	dourœ̃teu ou veurœ̃^{ou}
en automne	**no autono**	nou ôtônou
pendant l'hiver	**durante o inverno**	dourœ̃teu ou ĩvèrnou

Jours fériés

Portugal

1er janvier	**Ano Novo**	Nouvel An
25 avril	**Dia de Portugal**	Fête nationale
1er mai	**Dia do Trabalho**	Fête du Travail
10 juin	**Dia de Camões**	Fête de Camoens
15 août	**Assunção**	Assomption
5 octobre	**Dia da República**	Fête de la République
1er novembre	**Todos-os-Santos**	Toussaint
1er décembre	**Restauração**	Fête de la Restauration de l'Indépendance
8 décembre	**Imaculada Conceição**	Immaculée Conception
25 décembre	**Natal**	Noël
Fêtes mobiles:	**Sexta-feira Santa**	Vendredi saint
	Corpo de Deus	Fête-Dieu

Brésil

1er janvier	**Dia de Confraternização Universal**	Journée de la Fraternité universelle
21 avril	**Tiradentes**	Fête de Tiradentes (martyr de l'Indépendance)
1er mai	**Dia do Trabalho**	Fête du Travail
7 septembre	**Independência do Brasil**	Fête de l'Indépendance
2 novembre	**Finados**	Jour des Morts
15 novembre	**Proclamação da República**	Fête de la République
8 décembre	**Imaculada Conceição***	Immaculée Conception
25 décembre	**Natal**	Noël
Fêtes mobiles:	**Terça-feira de Carnaval**	Mardi gras
	Sexta-feira da Paixão	Vendredi saint
	Corpo de Deus*	Fête-Dieu

Il s'agit là uniquement des fêtes nationales portugaises et brésiliennes, auxquelles il convient d'ajouter de nombreuses fêtes locales d'inspirations diverses.

* Fête religieuse qui n'est pas nécessairement chômée.

Abréviations usuelles

(a)	assinado	signé
a/c.	ao cuidado de	c/o, aux bons soins de
A. C. B.	Automóvel Clube do Brasil	Automobile Club du Brésil
A. C. P.	Automóvel Clube de Portugal	Automobile Club du Portugal
apart., Ap.	apartamento	appartement
Av.	avenida	avenue
c/c	conta corrente	compte courant
cent.,	centavo	centavo
Cz$	cruzado	cruzado
Cia., C. ia	Companhia	compagnie
C. P.	Caminhos de Ferro Portugueses	Chemins de Fer portugais
de 2a., de 2a. cl.	de segunda classe	deuxième catégorie (hôtels, pensions)
d., dto.	direito	à droite (dans les adresses)
End. Tel.	endereço telegráfico	adresse télégraphique
esc.	escudo	escudo
e., esq.	esquerdo	à gauche (dans les adresses)
Gov.	Governo	gouvernement
h.	hora	heure
kg.	quilograma(s)	kilogramme(s)
L.	Largo	place
Lx. a	Lisboa	Lisbonne
n.º	número	numéro
m.	metro	mètre
Na. Sr.ª	Nossa Senhora	Notre-Dame
P.	Praça	place
pág., pg.	página	page
ps.	peso	poids
p. ex.	por exemplo	par exemple
R.	rua	rue
r/c	rés-do-chão	rez-de-chaussée
reg.º	1) registado 2) regulamento	1) recommandé 2) règlement
Rem.	remetente	expéditeur
S. A.	Sociedade Anónima	société anonyme
s. f. f.	se faz favor	s. v. p.
S. to	Santo	Saint
Sr.	Senhor	M.
Sr.ª	Senhora	Mme
Sr.ta	Senhorita	Melle

Que signifient ces inscriptions?

Vous allez certainement voir quelques-uns des panneaux suivants pendant votre voyage:

Aberto	Ouvert
Alfândega	Douane
Aluga-se	A louer
Autocarro	Bus
Aviso	Avis, notification
Bata	Frappez
Caixa	Caisse
Cavalheiros	Messieurs
Correio	Poste
Cuidado com o cão	Attention au chien
Empurre	Poussez
Encerrado	Fermé
Entrada livre	Entrée libre
Entrada proibida	Entrée interdite
Entre (sem bater)	Entrez (sans frapper)
Fechado	Fermé
Fechado ao domingo	Fermé le dimanche
Frio	Froid
Fumadores	Fumeurs
Homens	Messieurs
Informações	Informations
Leilão	Vente (aux enchères, à la criée)
Livre	Libre
Lotação esgotada	Complet (cinéma, théâtre)
Não mexer	Ne pas toucher
Ocupado	Occupé
Para alugar	A louer
Para venda	A vendre
Perigo de morte	Danger de mort
Por favor...	S.v.p....
Privado	Privé
Proibido	Interdit
Proibido fumar	Interdiction de fumer
Quente	Chaud
Retretes	Toilettes
Saída	Sortie
Saída de emergência	Sortie de secours
Saldos	Ventes
Senhoras	Dames
Tocar	Sonner
Vende-se	A vendre
Veneno	Poison

Urgences

En cas d'urgence, il sera évidemment trop tard pour chercher dans l'énumération ci-dessous l'expression adéquate. Vouz aurez donc intérêt à parcourir cette petite liste à l'avance et, pour plus de sécurité, à retenir les expressions écrites en majuscules.

Allez vite me chercher du secours	**Vá procurar socorro depressa**	va prokou**rar** sou**kô**rrou deu**prè**ssœ
Allez-vous-en	**Vá-se embora**	va seu ẽ**bo**rœ
Appelez la police	**Chame a polícia**	**chœ**meu œ pou**li**ssyœ
APPELEZ UN MEDECIN	**CHAME UM MÉDICO**	**chœ**meu ŏu **mè**dikou
Arrêtez-vous ici	**Pare aqui**	**pa**reu œ**ki**
Arrêtez cet homme	**Apanhe esse homem**	œ**pœ**gneu **é**sseu **o**mœ̃^{y}
Arrêtez ou je crie	**Pare ou grito**	**pa**reu ô **gri**tou
ATTENTION	**ATENÇÃO**	œtẽ**ssœ̃**^{ou}
Attention	**Cuidado**	kou^{y}**da**dou
AU FEU	**FOGO**	**fô**gou
AU SECOURS	**SOCORRO**	sou**kô**rrou
AU VOLEUR	**AGARRA QUE É LADRÃO**	œ**ga**rrœ keu è lœ**drœ̃**^{ou}
Danger	**Perigo**	peu**ri**gou
Dépêchez-vous	**Vá depressa**	va deu**prè**ssœ
Ecoutez	**Ouça**	**ô**ssœ
Ecoutez-moi	**Ouça-me**	**ô**ssœ meu
Entrez	**Entre**	**ẽ**treu
Etendez-vous	**Deite-se**	**dœ**^{y}teu seu
Gaz	**Gás**	gach
HALTE	**PARE**	**pa**reu
J'ai perdu mon/ma...	**Perdi o meu/a minha...**	peur**di** ou **mé**^{ou}/œ **mi**gnœ
Je me suis égaré	**Perdi-me**	peur**di** meu
Je suis malade	**Estou doente**	ichtô d^{ou}**ẽ**teu
Laissez-moi tranquille	**Deixe-me em paz**	**dœ**^{y}cheu meu œ̃^{y} pach
POLICE	**POLÍCIA**	pou**li**ssyœ
Regardez	**Olhe**	**o**lyeu
Vite	**Depressa**	deu**prè**ssœ

POUR LES ACCIDENTS DE VOITURE, voir page 150

Numéros d'urgence

Ambulance ____________________

Service du feu ____________________

Police ____________________

Votre bloc-notes

Agence de voyages ____________________

Ambassade ____________________

Consulat ____________________

Garde d'enfant ____________________

Hôtel ____________________

Information aérienne ____________________

Restaurant ____________________

Taxi ____________________

Dépenses

Date	Entretien	Distractions	Divers	Essence

Aide-mémoire

Numéro de passeport ______________________

____

Compte courant ______________________

Carte de crédit ______________________

Carte de sécurité sociale ______________________

(AVS-AI) ______________________

Permis de circulation ______________________

Marque de voiture ______________________

Numéro de châssis ______________________

Numéro d'immatriculation ______________________

Numéro de police d'assurance ______________________

Véhicule ______________________

Vie ______________________

Voyage ______________________

Groupe sanguin ______________________

____

____

____

____

____

Index

Expressions indispensables

Où est le consulat français/belge/ suisse?	**Onde fica o consulado francês/ belga/suíço?**	õdeu **fi**kœ ou kõssou**la**dou frœ**ssé̃ch**/ **bèl**gœ/s^{ou}**i**ssou
S'il vous plaît.	**Por favor/Faz favor.**	pour fœ**vôr**/fach fœ**vôr**
Merci.	**Obrigado/a.**	ôbri**ga**dou/œ
Oui/Non.	**Sim/Não.**	sĩ/nœ̃^{ou}
Veuillez m'excuser.	**Desculpe [Com licença].**	d**i**ch**koul**peu [kõ li**ssẽ**ssœ
Garçon, s.v.p.	**Faz favor... [Garçom!]**	fach fœ**vôr** [«garçon»]
Combien est-ce?	**Quanto custa isto?**	**k^{ou}œ̃**tou **kouch**tœ **ich**tou
Où sont les toilettes?	**Onde ficam as retretes [Onde fica o banheiro]?**	õdeu **fi**kœ̃^{ou} œch reu**trè**teuch [õdeu **fi**ka ô ba**gnœ^{y}**rô]

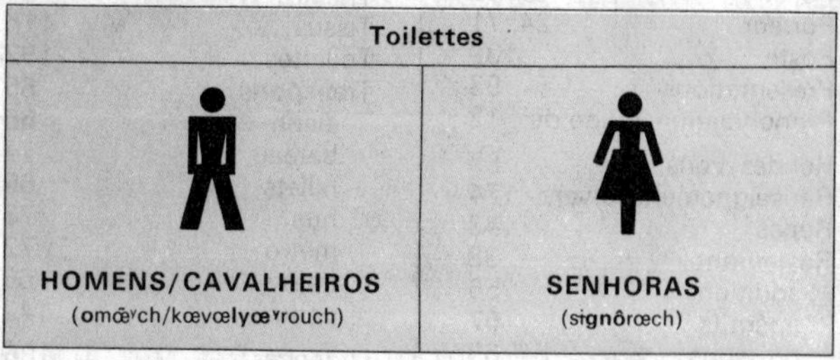

Pouvez-vous me dire...?	**Pode dizer-me...?**	**po**deu di**zér** meu
où/quand/pourquoi	**onde/quando/ porquê**	õdeu/**k^{ou}œ̃**dou/ pour**ké**
Pouvez-vous m'aider?	**Ajude-me, por favor.**	œ**jou**deu meu pour fœ**vôr**
Je me suis égaré(e).	**Perdi-me.**	peur**di** meu
Que signifie ceci? Je ne comprends pas.	**O que significa isto? Não compreendo [entendo].**	ou keu sighni**fi**kœ **ich**tou? nœ̃^{ou} kõpry**ẽ**dou [ẽ**tẽ**dô]